Jean-Claude Mohamed **HAOUARIA**

ENTRE

LA RAISON

ET L'EMOTION

SOMMAIRE

ENTRE LA RAISON ET L'EMOTION

Au lecteur de bonne foi

Ce livre est un document exceptionnel.

Son auteur est voyant, médium et magnétiseur. Mais il va bien au-delà. Il délivre un message de Foi, d'Espérance et d'Amour Ce message sera le signal de votre renaissance, le jour, à l'heure et à la seconde où vous l'ouvrirez, si vous le lisez en profondeur et avec conviction, pour réunir parents et amis dans la même conviction, unis vers une renaissance de l'esprit.

Il faudra pardonner à l'auteur pour les questions auxquelles il n'a pas répondu directement. Ce n'est pas parce qu'il a quelque chose à cacher, mais parce que cela fait partie de la renaissance.

Comme il le dit souvent, il ne fait que citer... C'est à chacun d'en tirer des enseignements qui lui permettront de répondre de lui-même aux questions qui le concernent. Il y répondra avec certitude, car le doute aura disparu.

Il faut lire ce livre sans chercher à le comprendre entièrement lors de cette première lecture. Vous allez bientôt avoir envie de relire telle ou telle partie d'un chapitre, puis une autre, puis de revenir sur telle autre... Faites-le ! Il doit être lu ainsi, car le message contenu dans ce livre est inexistant et pourtant omniprésent... Il est inexistant parce qu'il commence à vivre à l'instant où on le lit, mais il est omniprésent, car sa parole est intemporelle. C'est un compagnon fidèle, toujours prêt à répondre à vos questions, à vos doutes, à vos incertitudes, et à vous emmener vers la paix du cœur et de l'esprit.

Ce potentiel que je sentais en moi, il y croyait car il le connaissait. Mais il faut laisser le temps au temps, on n'atteint pas les Voies du Seigneur sans épreuves. Et aujourd'hui, je remercie le ciel de m'avoir fait traverser autant de moments difficiles ; ils m'ont ouvert les yeux, le cœur et l'âme.

Ce chemin, je l'ai parcouru grâce à Dieu et par l'intermédiaire de Jean-Claude.

La dévotion de cet homme pour la cause et l'amour de son Père est totale, et je pèse mes mots ! C'est aux dépends de sa santé et de sa vie de famille qu'il offre chaque jour l'essence de sa vie. Il s'en rend lui-même compte et s'en excuse auprès des siens, mais son amour universel pour la vie ne peut souffrir d'exclusivité ; il se doit d'agir ainsi au nom de celui qui le guide, et ce, pour le bien de l'humanité.

C'est ce même amour profond qui nous unit comme celui d'une fille envers son père. Et depuis le jour où il m'a offert la vie, l'envie de l'appeler Papa me brûle les lèvres.

Il ne prétend pas changer le monde, sa sagesse le lui interdit ; d'ailleurs il n'y a même pas pensé. Sa cause est noble, et c'est pour cette raison que des lettres de remerciements lui parviennent sans cesse. Jean-Claude est véritablement un homme simple et rien n'est plus beau et plus profond que la simplicité dans laquelle il se complaît.

Combien de vies a-t-il sauvé ? Combien de malades a-t-il guéri ? Ce sont là des questions qui ne se posent plus quand on le connaît. Il redonne le goût de la vie à celui qui a baissé les bras, lui permettant ainsi de renaître et de s'ouvrir au monde.

Ce monde, il est merveilleux, mais le pouvoir de l'argent a tendance à éblouir et on oublie trop souvent combien cela peut être fascinant d'observer un moineau sur une branche.

Fermez les yeux un court instant, puis contemplez ce petit oiseau qui nourrit son petit. La nature n'est-elle pas enchanteresse ?

Parfois, quand il vous reçoit, il peut paraître très rude, voire même vexant. Mais chacun des termes qu'il emploie est juste, et si la vérité vous effraye à un point que vous ne voulez pas l'entendre, ne prenez pas la peine de vous hisser au sommet de sa tour.

Cette vérité, bien qu'elle puisse faire mal, nous avons tous besoin de la connaître pour construire notre avenir. En restant inexpliquées, nos maladresses du passé ne peuvent pas nous servir demain ; cela, chacun d'entre nous devrait en être conscient.

Il y aurait tant à dire sur Jean-Claude que les quelques lignes d'une simple préface ne suffisent pas... Mais pour aller à l'essentiel, je dirais simplement qu'il accomplit chaque seconde la mission pour laquelle il a été choisi. Ce livre est la continuité de son message au monde ; entre l'émotion et la raison, il nous enseigne ce que nous connaissons mais que nous n'appliquons pas toujours : la conviction de l'amour éternel...

A tous ceux qui le connaissent, le connaîtront un jour ou qui n'auront jamais cette chance, je dirais simplement de garder cet ouvrage tout au long de leur vie et de méditer. Les clefs du bonheur se trouvent à l'intérieur.

C. G.

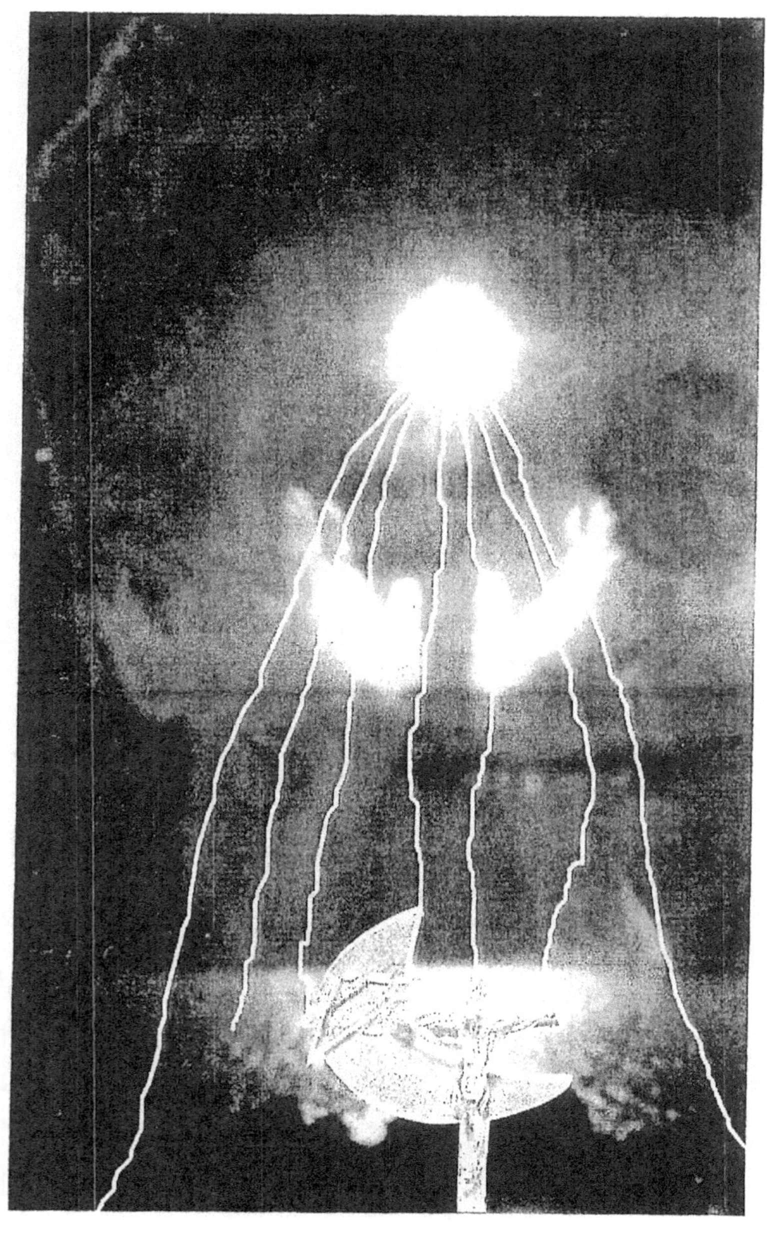

Introduction

Aujourd'hui, bien des gens survivent, car on ne peut pas appeler cela vivre, grâce à ces drogues légales que sont les tranquillisants ; d'autres sont déprimés, d'autres ont perdu tout espoir.

Mais d'autres, au contraire se montrent agressifs, et entrent en conflit avec leur famille, leur entourage, leurs voisinages. Pourquoi sont-ils ainsi ?

Parce qu'ils courent après le monde qui s'agite dans leur tête. C'est un monde confus, un monde d'apparences mêlées de regrets, de remords et de frustrations. Alors pour se venger, inconsciemment, bien sûr, ils détruisent ce qu'ils touchent.

En fait, ils se vengent sur eux-mêmes en croyant se venger de quelqu'un. Ainsi ils recréent sans cesse les mêmes regrets, remords et frustrations, donc ils n'avancent pas, et pourtant ils courent sans cesse, sans trêve ni repos, parce qu'ils ne se demandent jamais après quoi ils courent !

Pourquoi courir ? Il n'y a que la mort qui n'attend pas !

Et pourtant c'est bien après elle qu'ils courent, puisqu'ils courent contre la montre. C'est inutile, on ne rattrape jamais le temps perdu.

L'avenir ne peut pas racheter le passé.

Et pourtant bien des gens cherchent, cherchent encore et cherchent n'importe comment, n'importe où, comme dans la ruée vers l'or. Ils cherchent, cherchent, cherchent encore jusqu'au moment où ils se découragent, parce qu'ils croient qu'il n'y a rien à trouver, ou que c'est trop difficile, ou encore qu'il faut avoir de la chance.

Alors pourquoi moi, pourquoi d'autres, que l'on appelle les initiés, avons-nous trouvé ? Parce que nous nous sommes acharnés à chercher seulement et uniquement la vérité. Et lorsqu'on a découvert ce que les autres cherchent encore, que peut-on faire ? Les aider dans leur recherche !

Mais, me demande-t-on souvent, peut-on partager la détresse des autres ? Peut-on prendre en charge, tous les jours, leurs angoisses, leurs drames, et garder le goût de vivre, de se battre, de changer le monde ?

Quand je suis chez moi, je suis comme tout un chacun. J'ai une femme, des enfants, une vie familiale heureuse. Mais dès que je sors de chez moi, je me sens agressé par toutes les misères qui me côtoient. Je les perçois, ces détresses muettes, invisibles pour les autres, elles me touchent !

Je n'ai jamais eu mal pour moi-même, j'ai mal quand je vois les autres se débattre dans les ténèbres qui, pour eux, sont opaques...

Lorsque nous rentrons dans les ténèbres, elles ne sont pas si noires que cela, pour nous, les initiés. Mais nous souffrons pour les autres. Je suis malheureux, nous sommes malheureux de les voir se débattre ainsi... Et parfois je me sens impuissant devant tant de malheur que les gens se font à eux-mêmes.

Pourtant je ne peux pas dire que je suis impuissant face à cela, puisque je parviens à aider ceux qui me consultent...

Je suis malheureux pour les autres, mais au fond de moi, je suis heureux de faire ce que je peux pour eux. C'est peu et beaucoup à la fois, car pour ceux qui errent dans les ténèbres, cette lueur d'espoir brille comme une lumière aveuglante !

Mais d'où vient, d'où m'est venu ce besoin de rechercher la vérité ? De mon enfance ? D'une tradition familiale ? D'une sagesse millénaire transmise de génération en génération ? Certainement. Mais sans doute aussi d'une volonté personnelle.

Je suis né à la campagne, en Afrique du Nord. Dans nos familles paysannes, le père primait. S'il était mauvais, tout le monde était mauvais, s'il était bon, tout le monde était bon... Or, malgré son jeune âge, mon père était marabout. Il ne buvait pas, ne fumait pas, n'avait connu qu'une femme, ma mère, qui ne savait ni lire ni écrire, et lorsqu'il faisait des bénéfices il en consacrait une part à l'exploitation et répartissait le reste entre ses employés. Toute ma petite enfance s'est dont déroulée dans un climat de bonté, de dons, de générosité et d'amour désintéressé des autres.

Notre famille élevait des chevaux. On entend souvent dire que les chevaux arabes ont quelque chose de particulier, qu'on ne peut définir, des qualités qu'on ne trouve pas ailleurs. Eh bien, cela vient du fait qu'ils sont élevés selon une très ancienne tradition. Chez nous on calculait les lunes et l'on en tenait compte pour les naissances, le sevrage, la première monte... On se conformait aux cycles cosmiques, car ils règlent les cycles naturels. Mais respecter la tradition ne veut pas dire refuser le progrès, bien au contraire ! Dans notre région, les premières greffes d'arbres fruitiers ont été réalisées par mon père.

11 était un exemple pour tous et tous le respectaient. Sa réputation s'étendait à toute la région, aussi bien des cultivateurs l'ont imité et ont greffé leurs arbres selon ses conseils, car loin de garder secret cette technique, afin de gagner beaucoup d'argent par la vente de fruits plus beaux et plus nombreux, il en a fait profiter les autres après avoir sélectionné les meilleures variétés à ses frais. Ainsi il apporté une prospérité supplémentaire à notre région.

Et puis un jour - j'avais six ans et demi - il a disparu de la maison. En laissant un vide immense. Le vide de l'absence... Cette maison si gaie, si vivante, était devenue la maison du silence, peuplée de visages anxieux, pâles, creusés par l'insomnie et les larmes. On ne m'a donné aucune explication, ma mère m'a simplement dit que mon père reviendrait bientôt. On ne parlait pas de choses graves aux enfants !

Mais moi je n'étais pas un enfant comme les autres...

Je ne devais pas venir au monde, mais je me suis accroché à la vie en pleurant longtemps de toutes mes forces. J'ai vu se dérouler mon arbre généalogique, puis ma vie d'adulte, puis je suis redevenu enfant, puis nouveau-né.

Je m'en souviens très bien, et c'est probablement ce qui différencie les médiums des autres personnes. En général, les premiers souvenirs remontent à l'âge de trois ans, ce qui s'est passé avant est enfoui dans le subconscient et ne se libère, en partie, que sous hypnose. Chez les médiums, ces barrières mentales n'existent pas. Dès la petite enfance je « voyais » ce que la plupart des gens ne voient pas, mais je n'y attachais pas d'importance car je croyais que les autres les voyaient aussi... Lorsque j'ai constaté que mon père n'était plus à la maison, j'ai rassemblé sous à sous l'argent nécessaire pour payer mon billet et j'ai pris le train. Sans rien dire à personne. Ma mère ne savait pas où j'étais, on me cherchait partout...

J'étais à l'hôpital. Je m'y suis rendu directement, je savais que mon père s'y trouvait, bien que personne ne me l'ait dit ! J'avais des prémonitions depuis la petite enfance, mais je ne savais pas encore si c'était des hallucinations, de simples accès de nervosité ou un don de médium.

Je n'ai pas reconnu mon père. Il était très amaigri, affaibli... Il m'a pris dans ses bras, m'a serré contre lui...

Lorsque je suis rentré à la maison, au lieu d'inventer un prétexte, j'ai dit la vérité à ma mère. Lorsqu'on ment, on se ment d'abord à soi-même. Le meilleur mensonge c'est de dire la vérité ! C'est écrit dans la Bible, c'est écrit dans le Coran, c'est écrit dans tous les Livres Saints. C'est la Vérité, et il faut vivre dans la Vérité ! Celui qui vit dans le mensonge se condamne lui-même.

Je suis retourné voir mon père, nous avons longuement parlé. Je savais qu'il aimait la limonade du pays, et il n'y en avait pas à l'hôpital. Mais je n'étais qu'un enfant de six ans et demi, je n'avais pas d'argent ! J'ai demandé : « Seigneur, je sais qu'il aime ça... que faire » ?

La réponse est toujours dans la question ! J'ai pris une résolution subite. J'ai dit à mon père :

- Demain je t'apporte de la limonade.

Quand je donne ma parole je vais au bout, quel qu'en soit le prix, car si l'on ne respecte pas sa parole on ne se respecte pas soi-même. Là je ne savais vraiment pas comment faire, mais j'étais décidé à tenir ma promesse.

Il m'a regardé avec une énorme tendresse :

- Non, ce n'est pas la peine. Mais ce soir, reste avec moi.

Il m'a interrogé sur mes voyances — je ne savais pas encore que cela s'appelait ainsi — il m'a révélé qu'il était lui-même voyant médium, comme son père, grand-père et arrière-grand-père, car ce don se transmet de père en fils dans notre famille. Mon père savait le jour, la date et l'heure de ma naissance, comme je l'ai su pour mon fils. Il m'a communiqué ses secrets, m'a donné des conseils, des formules et d'autres connaissances qui ne se communiquent qu'oralement. Je suis resté très tard avec lui, bien après l'heure des visites.

C'était la première fois que le personnel de l'hôpital permettait cela, par exception, car mon père était très respecté.

Le lendemain, un vendredi, jour de prière, je n'ai pas pu venir, car il n'y avait pas de train. Je suis revenu le samedi. L'infirmière m'a pris à part et m'a dit :

- Ton papa est mort.

Mon père savait depuis longtemps qu'il allait mourir à trente-quatre ans, à dix heures, un vendredi. Il l'avait annoncé à sa famille...

C'est ainsi que depuis l'âge de sept ans je suis habité par l'esprit. Mon père me conseille et me guide.

Selon la coutume, l'un de mes oncles m'a recueilli. Sa femme ne pouvait pas avoir d'enfant. Elle m'a donné tout son amour... Son mari en a éprouvé de la jalousie. Il m'a battu.

Lorsqu'on frappe un enfant, il réagit en adulte : il croit s'être acquitté. Il se tient quitte de la faute qu'il a commise, puisqu'il a payé ! Ainsi, au lieu d'être reconnaissant envers mon oncle, je me suis détaché de lui et je me suis attaché plus fort à sa femme, ma mère adoptive. Cela l'a rendu encore plus jaloux ! Pendant trois ans la situation n'a fait qu'empirer, puis un jour, pris d'une véritable crise de folie, il a voulu me tuer. Je me suis enfui.

Je suis parti seul sur les routes. J'avais dix ans...

J'ai longtemps vagabondé. Et puis, à force de prédire aux gens, dans mon entourage, des choses qui, à chaque fois, s'avéraient exactes, j'ai décidé d'approfondir la question.

A l'âge de dix-huit ans, je me suis testé et retesté et c'est ainsi que j'ai acquis la certitude de mes dons de médium.

C'est alors que j'ai emprunté un tout autre chemin... Une très longue route. Celle de l'initiation à une Connaissance immémoriale.

Depuis des dizaines de milliers d'années - en fait, depuis l'apparition de l'humanité - certains hommes ont propagé des paroles d'une telle beauté, d'une telle grandeur et d'une telle importance qu'elles ne peuvent être d'origine humaine.

On a appelé ces hommes des inspirés, des envoyés, des prophètes, c'est-à-dire des « porte-parole », ou des saints, et par d'autres mots encore, variables selon les langues, qui tous signifient que ces hommes ont transmis un message divin.

Il est divin parce qu'il est éternellement vrai et universel, et cela quel que soit la forme qu'il emprunte, forme adaptée au peuple auquel il s'adresse. Il est donc l'expression, non d'une vérité, mais de la Vérité, or la Vérité n'appartient qu'à Dieu.

Cette Parole de Dieu, révélée par ces messagers, diffusée par les initiés à la Parole sous la forme d'un enseignement direct, « de bouche à oreille », puisque l'écriture n'existait pas encore, constitue la Tradition, qu'il ne faut pas confondre avec les traditions locales, les coutumes.

Cette Connaissance traditionnelle est double.

La Tradition révélée est communiquée à tout le monde, par les religions, car c'est la Loi divine sans laquelle les hommes vivraient comme des bêtes.

La Tradition occulte est réservée aux initiés qui la pratiquaient partout dans le monde des milliers d'années avant l'apparition du peuple hébreu... et des religions ! Ces initiés ont été appelés « sages » parce qu'ils diffusaient la sagesse par la Tradition révélée, et le plus souvent, « mages », parce qu'ils pratiquaient la magie, c'est-à-dire la Tradition occulte.

Il y a plusieurs religions révélées, mais il n'y a qu'un seul Dieu. Cela, tout le monde le sait ! Même dans les religions « animistes », en Afrique, par exemple, on invoque le Dieu Suprême, le Tout Puissant.

Le seul problème, c'est que les gens naissent dans une religion et généralement se limitent à lire le Livre de cette religion, soit la Tora, soit la Bible, soit le Coran.

Si vous, les Européens, lisiez le Coran, cela ne vous priverait pas de vos racines, cela vous permettrait de comprendre ce qui se passe autour de vous. Et après, pourquoi ne pas lire la Tora ?

La Vérité est la même pour tous, mais chacun la maquille par orgueil. Chacun de ces petits orgueils devient un très grand orgueil et cela dresse les gens les uns contre les autres.

Moi j'ai appris à lire dans le Coran, mais après je suis allé voir du côté de la Bible. Ensuite j'ai repris le Coran et je l'ai relu sans être influencé par mes origines. C'est comme cela que je l'ai compris en profondeur.

Son message est le Message universel, que l'on retrouve dans tous les livres saints : notre corps appartient à la mère et à la terre nourricière ; notre esprit, lui, est universel et éternel, il n'appartient qu'à Dieu et aux enfants du Père. Il nous a offert la sagesse. La nature, la terre nourricière, nous a été donnée pour agrémenter notre séjour.

Quand il y a sagesse, c'est avec la bénédiction du Père. La sagesse donne un sens et une profondeur à la vie, mais il faut avoir vécu avec conviction pour l'apprendre et la comprendre. Il faut vivre intensément, sans restriction, pour que la voie soit ouverte et concevoir la Lumière éternelle.

Dans mon enfance, on lisait le Coran avec Foi et force. On connaissait les symboles. Ainsi, par exemple, l'honneur se portait sur le visage, symbolisé pour les hommes par le port de la moustache, devenu traditionnel. Lorsqu'on a rasé la moustache, on a renoncé à l'idée qu'on se faisait de l'honneur. On a brisé la tradition, mais rien n'est venu la remplacer.

Je suis de ceux qui ne l'ont pas abandonnée. Aujourd'hui je vis en adulte avec ce que j'ai vécu dans mon enfance

C'est pourquoi, au moment d'entamer la dernière partie de mon existence, je ne peux ni ne veux parler de la condition humaine sans l'éclairer spirituellement.

Nous cherchons Dieu partout, sauf en nous-mêmes, et nous le croyons inaccessible parce que nous le cherchons ailleurs, alors qu'Il est près de nous, sans doute trop près de nous pour que nous le voyons, puisqu'Il est en nous.

Dieu est en nous, en chacun de nous, nous le reflétons, mais nous sommes maladroits. Cette maladresse nous éloigne de Lui. Alors on renonce, ou on le cherche sans conviction. On dit « mais », « peut-être », « impossible » ... Tous ces mots expriment le doute ; tout devient possible si l'on enlève le doute. Tout ce qui est pensé, si cette pensée est mesurée, et non démesurée, est possible.

Il ne s'agit pas d'essayer ; Essayer, c'est « peut-être » ; si l'on essaie de comprendre, on n'apprend pas, parce que cela demande du temps, et lorsqu'on croit avoir compris, l'instant est passé et on ne l'a pas vécu. Et l'on est en retard par rapport à ce que l'on sait...

Il s'agit de savoir. Savoir, c'est apprendre pour comprendre, et comprendre pour apprendre à vivre chaque instant avec conviction. Vivre la fraction de cette seconde qui passe en même temps que l'expression de la vie, cette fraction de seconde remplie d'une vie inexprimable, car la parole est si pauvre, par rapport à l'esprit !

Cela parait difficile, et pourtant c'est très simple. Mais c'est quand c'est simple que cela paraît compliqué...

Moi, je suis convaincu de ce que je dis, mais qu'est-ce qu'être convaincu ? Je ne peux que répondre en toute simplicité que j'en suis convaincu parce que je vis avec, auprès de Lui, le Père. Par conséquent, je n'ai pas besoin de convaincre, je ne fais que transmettre.

Cette affirmation n'engage que moi ; voulez-vous la vérifier ? Eh bien, vivez-là ! Dès ce moment, je suis certain que nous suivrons le même chemin. Je ne suis pas un « élu », j'ai coutume de dire que je ne suis qu'un grain de sable dans le désert, et c'est sincère ; ce que je vis, il est donné à tous de le vivre.

Il ne faut pas me croire, mais constater par vous-même. Vous serez étonné...

Et si quelqu'un pense que c'est un bien long chemin à parcourir, je lui réponds simplement: non !

En disant cela, je n'expose pas des théories ; je parle de ce que j'ai vécu. Comme pour beaucoup de mes semblables, la société n'a pas été tendre avec moi et envers celles et ceux qui me consultent dans un moment de détresse. J'ai écouté tant de voix, tant de cris, tant de malheurs... Jamais je n'ai porté de jugement. Si le lecteur peut bénéficier de mon expérience d'homme et de conseiller, et que cela lui épargne des épreuves, j'en serai très heureux.

Le Doute

La journée s'est passée d'une manière étrange... J'ai dressé une sorte de bilan de ma vie, avec l'impression d'être comme un comptable qui fait ses comptes tous les jours, scrupuleusement et honnêtement, mais à qui on a inculqué tellement de doutes qu'il est obligé de les faire vérifier par un expert-comptable...

Combien de fois ai-je entendu cette phrase, ou des paroles très semblables, dites par bien des personnes désemparées ? Pourquoi faire vérifier son bilan personnel ? Est-ce vis-à-vis de la société, de son entourage ? Si l'on est en paix avec sa conscience, pourquoi faut-il se justifier ?

Et cet expert-comptable, qui est-il ? Si c'est un proche ou un ami sincère et désintéressé, ce sera un moindre mal ; mais a-t-il la compétence nécessaire pour conseiller utilement celui qui le consulte ? En outre les chiffres sont rigoureux ; si l'on sait faire ses comptes, il n'y a aucune raison d'avoir des doutes !

On l'a compris, cette comparaison entre une personne en désarroi et un comptable peu sûr de lui illustre un mal qui ronge bien des consciences : le doute.

Le doute est un poison qui paralyse l'esprit ; or il n'y a aucune raison de douter ! Mais, dit-on, c'est dans l'émotion que les gens perdent la raison.

Moi, je dis l'inverse : c'est dans l'émotion que l'on gagne ou que l'on retrouve la raison. L'émotion est généreuse, c'est un élan du cœur spontané et intuitif qui rapproche de l'autre ; alors on se donne un répit, le temps de comprendre, de ne juger ni de condamner quiconque... à commencer par soi-même. C'est pourquoi il faut se tenir entre la raison et l'émotion.

Mais cette émotion qui mène à la raison doit être basée sur une conviction : chaque jour est une page blanche où chacun inscrit sa destinée. On peut et l'on doit la maîtriser.

Pour cela, il existe des « recettes » qui, pour certains, peuvent paraître compliquées, et qui, pour d'autres, sont une source de vie. Dès le moment où l'on donne un sens aux termes qui vont être dits, et si l'on vit avec eux, ils ouvriront bien des portes, car se sont des clés, aussi anciennes que l'humanité.

On retrouvera ces mots-clés par la suite ; ce sont des points d'appui précieux pour évoluer vers la paix intérieure, la paix de l'esprit, indispensable au bonheur de vivre.

Mais la conquête du bonheur passe par un « retour sur soi-même », et souvent, cela peut décourager.

Bien des personnes qui viennent me consulter me disent : « Aujourd'hui, j'ai accumulé les années... Jusqu'à présent, le mot "année" ne me disait rien ; le temps ne comptait pas ! Maintenant, cela me dit quelque chose, parce qu'elles deviennent difficiles »...

Faut-il être surpris de cela ? Hélas, non. L'enfant va à l'école pour étudier, mais personne ne lui apprend à s'étudier lui-même ; il peut apprendre bien des choses, niais il est incapable de concevoir ce qui est en lui, et il ne sait rien de cet instinct qui guide la vie.

Plus tard, quand il est heureux, il se réjouit ; et quand surviennent les malheurs, il essaie de colmater les brèches, et il se lamente: « pourquoi cela m'arrive-t-il ? Je n'ai pas mérité ça ! ».

Mais lorsqu'il est heureux, se demande-t-il s'il a mérité ce bonheur ? Non, bien sûr ! Alors, pourquoi se plaindre du malheur ?

Si, dans le malheur, on se met en doute, alors. au moment même où l'on se pose la question, on n'a plus confiance en soi. Dès lors, comment peut-on s'auto protéger et protéger les siens ?

Et si dans le bonheur, on crée le doute, on se met en situation d'échec ; autrement dit, on recherche, inconsciemment, le moyen de mettre fin à ce bonheur, qui semble « trop beau pour durer ». C'est ainsi que l'on créé, sans le savoir, toutes les conditions pour que le malheur survienne.

Il n'y a pas, il n'y a jamais eu d'échecs, ce ne sont que des expériences. Nous sommes tous amenés à vivre - et non à subir - un certain nombre d'expériences au cours de notre vie sur cette terre ; toutes, heureuses ou malheureuses, apportent un enseignement. On apprend tous les jours à vivre sa vie... Sans oublier la mort, qui relativise bien des choses.

Le temps va au hasard, dit-on. Mais il n'y a plus de hasard quand on s'aperçoit que le hasard n'existe pas !

C'est pourquoi le médium part du passé.

Le médium est un « prévoyant » du passé ; de là il prévoit le futur dans l'instant présent. Autrement dit, il « voit » d'abord le passé, ce qui lui permet de comprendre ce qu'il « voit » du futur ; ces images, ces situations, ces rapports avec des personnes connues ou encore inconnues sont ses « prévisions » de l'avenir, appuyées sur le passé de la personne qui le consulte :

Celui qui n'a pas de passé n'a jamais vécu !

C'est pour cela qu'il est important, et qu'il faut le comprendre pour mieux l'accepter. Car si l'on reste bloqué sur le passé par l'émotion, il ne peut y avoir d'avenir ! C'est une question de logique, c'est-à-dire de raison.

Entre la raison et l'émotion, le passé doit servir l'avenir.

La plus grande faute de l'humain est de vouloir se justifier sans cesse au regard des autres. A quoi bon se préoccuper de ce que l'on pense de vous, de quelle façon on vous voit, de quelle manière « on sait des choses » sur vous ?

La loi et la justice sont en nous. Le juge est en nous, il se nomme conscience, notre propre conscience. On est adulte le jour où l'on est responsable vis-à-vis de soi-même !

Pourtant les gens ont besoin de papiers, de « preuves » pour se justifier vis-à-vis des autres, ils s'abritent derrière la loi comme des enfants se réfugient derrière l'autorité des parents. Mais sans la justice, la loi n'existe pas !

Autrefois, il y avait des artisans et des maîtres d'œuvre qui tous, travaillaient sur parole, qu'il s'agisse de la qualité du travail et des matériaux ou des prix, et qui tenaient parole. Aujourd'hui, il y a des contrats, et les gens ne respectent plus leur parole. Alors, quand on a les moyens, on va en justice, la procédure dure dix ans et enrichit les avocats...

Cela fait perdre de l'argent, si l'on en a, mais aussi et surtout, dans tous les cas, cela provoque un sentiment de mépris pour les autres. Comment, dans ces conditions, vivre ensemble, en harmonie et en confiance ?

Ceci n'est, évidemment, qu'un exemple concret. Mais cela reste valable pour tous les rapports humains, en amour et en amitié comme en affaires. Respecter sa parole, c'est se respecter soi-même. Comment peut-on demander justice si l'on n'est pas juste soi-même ? Comment pourrait-on respecter les autres si l'on ne se respecte pas soi-même ?

Heureusement il reste des sages parmi nous, et grâce à cela le mot « justice » signifie encore quelque chose...

Celui qui porte en lui justice, qui est juste avec les autres comme avec lui-même, celui-là est sûr de lui. Il est « bien dans sa tête », comme l'on dit aujourd'hui, donc en bonne santé mentale, sans laquelle il n'est pas de santé du corps !

Les gens de bien ne craignent le jugement de personne. Malheureusement le bien paraît compliqué... Et pourtant il est si simple ! Nous l'avons tous en nous.

Le bien, c'est la transparence.

Dans nos rapports avec les autres, nos semblables, le mot-clé est « transparence ».

Chacun sait que le blanc est la couleur de la pureté. Mais plus blanc que blanc, c'est transparent. Or on naît transparent, puis on devient opaque par la salissure. Celui qui a l'amour en lui la voit et la rejette.

Le drame, le malheur, c'est que les gens sont poussés à choisir ce qu'ils veulent rejeter... C'est pourquoi je dis toujours « ce que les gens rejettent, nous le prenons, ce que les gens prennent, nous le rejetons ». C'est parfois difficile à concevoir, et pourtant c'est simple, puisque la transparence naît de la sincérité dans les paroles, les comportements et les attitudes. Or rien n'est plus simple que d'être sincère ! Comme je le répète chaque jour, le meilleur mensonge, c'est de dire la vérité.

Mais, vis-à-vis des autres, cette simplicité peut passer pour une maladresse qui risque de froisser des personnes sensibles et même de heurter les gens attachés à des principes, qui considèrent qu'il faut se comporter comme ceci ou cela, et que « certaines choses ne se disent pas » ... Et l'on est tellement habitué à respecter ces tabous, sans même y penser, que ce comportement peut paraître étrange.

Faut-il se justifier ? Par rapport à quoi ? À la simplicité ?

Dites seulement : « Si j'ai fait une maladresse, dites-le-moi, que je puisse la rectifier. Je suis désolé et navré, mais cela fait partie de moi-même. Je vous demande pardon pour mes maladresses, et si mon comportement vous a surpris, essayez de le comprendre, entre la raison et l'émotion ».

Pour certains, la critique est une condamnation, pour d'autres, c'est faire remarquer une faute qu'il faut corriger ; d'autres ne disent rien, d'autres parlent trop. Où est la raison ? Où est l'émotion ?

Les uns demandent trop et la raison n'y est plus, les autres ne demandent rien, et où est l'émotion ? Et le sens et la profondeur de chacun, qui les respecte ?

On reconnaît le sage à sa simplicité, à sa transparence, à sa compréhension des autres et ses maladresses, parce qu'il est sincère, et surtout à sa conviction, parce qu'il vit avec elle, à chaque seconde, il la vit constamment, simplement. Quand nous enlèverons de notre vocabulaire les mots « si », « peut-être », « principe », ce jour-là, la même transparence renaîtra entre nous tous. Car ces mots sont l'expression du doute, et le doute se transforme en haine, cette haine se multiplie, pour étouffer l'amour.

Or, si grâce à la médecine, on sait réparer la chair meurtrie, qu'en est-il de la « chirurgie de l'âme », blessée par tant d'agressions, d'inquiétudes, de soucis ? Qui la pratique ? Les psychologues ? Le mot « psychologie » est *un* terme « savant » utilisé pour évoquer les mots « intelligence », au sens de « comprendre » et plus généralement « esprit » en positif et négatif.

C'est dans le subconscient que naissent les pulsions qui obligent l'esprit à commettre des actes néfastes, des mauvaises actions. Cette cause, le subconscient, cet agent, l'esprit, et ces effets, les actes, les psychologues les ont découverts depuis à peine un siècle ; pourtant cette connaissance existe depuis des milliers d'années, et ces milliers d'années d'expérience sont irremplaçables.

Pourquoi les nier ou simplement les négliger, sans même les étudier, ou seulement y réfléchir un peu Parce que cela fait peur. Les gens ont peur du pouvoir de leur esprit.

Il vous est arrivé, car cela nous arrive à tous, de penser à quelqu'un, et aussitôt, il vous appelle au téléphone ou vous le voyer passer devant la fenêtre ; parfois même, vous pensez à lui ou à elle parce que vous n'avez pas vu cette personne depuis longtemps, et à ce moment, elle frappe à la porte... Tout cela est assez troublant, mais vous n'osez pas en parler, parce que cela ne semble pas raisonnable. Le plus souvent, nous préférons croire à une coïncidence, au hasard... Ce qui montre bien que toute fausse croyance est un doute. Pour ne pas remettre en cause la raison, on préfère douter de ce que l'on vient de constater par soi-même !

Pourtant la raison n'explique pas tout, elle n'explique ni l'art, ni la création, et encore moins l'amour ! Pour comprendre vraiment ce qu'est l'esprit, il faut être un émetteur et récepteur d'une grande sensibilité, c'est-à-dire être intuitif.

Mais la plupart des hommes se ferment à la perception intuitive. Ils la redoutent, ils ont peur de ne pas la maîtriser. C'est une réaction d'orgueil ! Il faut se laisser guider humblement, car cette connaissance nous est donnée, tandis que le savoir des sciences est acquis par l'homme lui-même, à partir de l'observation de la nature. Et il fait bien des erreurs... Entre la rage d'un individu enfermé dans sa folie, qui ne voit rien, car il est aveuglé par le doute, qui n'entend rien, car le doute l'assourdit, qui ne ressent rien, puisque le doute dresse une barrière entre lui et les autres, ce doute qui se transforme en haine et cette haine qui se multiplie pour étouffer ce que l'on appelle la raison, et la limpidité de l'esprit, qui permet de voir, écouter, comprendre et aimer son prochain, il n'y a qu'une voie, celle de la sagesse.

On demande tellement de choses à l'esprit... Il faut lui laisser du répit !

Entre la raison et l'émotion, entre l'écrit et l'oral, entre la foi et le symbole, la passion et la patience, bien des questions se posent.

Quand on cherche ce qu'est la simplicité, et où se trouve le doute, on constate qu'à travers la raison, le but de cette recherche est l'esprit.

Ainsi, certains appellent « mauvais œil » ce que d'autres appellent « la fatalité » ou « le destin ». Les uns cherchent à comprendre ce qu'est cette loi impitoyable, d'autres font appel à la raison et parlent de calcul de probabilités ; les autres l'ont vécu ou la vivent dans l'émotion, en s'y soumettant. D'autres encore cherche à apprendre ou comprendre, à découvrir, à réagir, et vivent dans le doute. D'autres enfin l'ont vécu et vivent avec elle en l'expliquant par la loi de l'homme et la loi naturelle.

L'homme n'est pas seul sur terre ; nous avons été précédés par des milliers de générations, et plus près de nous, par nos arrière-grands-parents, nos grands-parents et nos parents. Chacun naît avec sa propre histoire, qu'il a hérité de ses ancêtres et qu'il reporte sur l'enfant qui vient de naître ; il imprègne la pensée de son enfant comme la sienne a été imprégnée par celle de ses parents, eux-mêmes imprégné par leurs parents, et ainsi de suite à l'infini. Nous récoltons ce qui a été semé, ce qui est semé et ce que nous semons.

C'est pourquoi, en courant après le temps, vous êtes en déficit et vous êtes en excédent, spirituellement et matériellement. S'attacher à un modèle hérité du passé, c'est s'attacher à une image, à un reflet, à des préjugés, c'est porter le fardeau des autres, des générations qui nous ont précédés.

Celui qui a douté peut encore douter tant qu'il n'atteint pas la réalité. Il n'est pas libéré, il ne sait rien de toutes les forces cachées qui sont en nous, de la splendeur de cette Lumière qui est en nous.

Alors il tente de prévoir le futur, par besoin, par conviction, par peur du destin.

Mais cette conviction, qu'est-ce, sans la foi et la passion ? Une superstition ! Et les superstitions ne sont que des images que chacun s'approprie pour se préserver personnellement, en s'accrochant sans raison à ses convictions nées de l'émotion.

Face au destin, il ne faut pas réagir, il faut agir. Ce n'est pas par la réaction et le doute que vous pourrez décider de ce que sera votre vie, mais par l'action et la certitude.

Le corps est visible, l'esprit est invisible, l'âne est imprévisible. C'est par elle que l'on ressent les émotions ; or les émotions ne se contrôlent pas ! Il faut se tenir entre la raison, qui est une faculté de l'esprit, et l'émotion, le propre de l'âme. Un sentiment peut être partagé avec l'autre, à condition de le faire participer. Il faut savoir le vivre à chaque instant, en étant guidé par le Père.

Ceux qui sont occupés ne sont pas préoccupés, ils vivent sans apprendre et sans comprendre. Mais ceux qui sont préoccupés ne parlent jamais de leurs doutes, et pourtant ils côtoient la Lumière.

Ce n'est pas un principe, mais une réalité ; chacun cherche cette limpidité, il suffit simplement de dire le mot *amour* en se tournant vers Lui, car II est Lumière.

La Lumière ne se trouve pas spécialement dans les temples de pierre. Ce qui « est » a toujours été, n'a ni commencement ni fin et se trouve partout.

La sagesse peut-être spontanée. Celui qui cherche la Lumière ne sait pas que la Lumière est en lui et il se retrouve dans les ténèbres. Il se désespère, puis vient la renaissance quand il comprend que la vérité se trouve dans la simplicité.

Rien n'est plus simple que de renaître.

Certains disent qu'autrefois, le sel était une monnaie. Mais ça n'a jamais été de l'argent, c'est le symbole de ce qui n'a ni commencement ni fin, la Vie, le « sel de la terre », car nul être vivant ne peut vivre sans sel ; c'est pourquoi il est indispensable, et si précieux qu'autrefois, il était échangé contre tout ce que les hommes produisaient partout où l'on ne le trouve pas.

Pourtant il y a plus précieux que le sel, c'est la fleur de sel, qui flotte à la surface de l'eau de mer quand elle s'évapore sous l'action du soleil, alors que le sel ordinaire se dépose sur le fond. Symboliquement, cette fleur de sel qui monte vers la lumière solaire quand le sel de la vie rejoint la terre pour se recycler, c'est l'esprit qui s'élève vers ce qu'on appelle la Lumière, le palais du Père.

Renaître, c'est recevoir la Lumière, que l'on trouve dans le Coran, la bible et tous les textes sacrés. Pourquoi chercher ailleurs ce qui est déjà dit et écrit ?

Quand on pose une question, on implique celui que l'on interroge, dit-on. Mais cela ne vaut que dans la conversation courante, quand on demande à quelqu'un d'exprimer une opinion sur un événement ou d'une décision pratique.

Lorsqu'on pose une question sur l'homme, sur ce qu'il est, ce qu'il fait sur terre — et plus encore, bien sûr, quand vous posez une question qui vous implique directement, comme par exemple, quel sera votre avenir, votre vie sentimentale, votre travail, vos soucis d'argent, etc… en fait, on s'interroge sur soi-même et bien sûr, dans ce cas, on s'implique soi-même.

Car si l'on questionne quelqu'un, c'est pour confirmer son opinion ou trouver une confirmation de ses doutes !

Or, la réponse se trouve dans la question comme la question se trouve dans la réponse.

« Trouverais-je quelqu'un pour partager ma vie, un compagnon ou une compagne ? »

Oui, si vous êtes disponible !

« Trouverais-je du travail ? »

Oui, si vous vous efforcez d'en trouver et si vous faites tout pour cela, y compris un travail qui ne correspond pas à vos compétences, mais qui vous donne la possibilité d'entrer dans une entreprise où vous pourrez faire vos preuves...

Mais il y a le doute de soi-même. « Pourquoi d'autres réussissent et pas moi ? Pourquoi suis-je malheureux ? Pourquoi d'autres ont-ils de la chance, et moi jamais ? »

Il n'y a pas de fatalité, ou plutôt, la fatalité n'existe pas face à l'amour désintéressé, à la pensée supérieure en ce qu'elle a de plus noble, ce que les textes sacrés appellent la Lumière éternelle.

Aujourd'hui, beaucoup cherchent ce qu'ils sont, ce qu'il y a en eux... les ingrédients ! Alors que ce qu'il y a eux, c'est la Lumière du Père. Mais ils ne se fient qu'à leurs yeux, et ils s'étonnent de ne rien voir !

L'œil est un miroir entre le visible et l'invisible, le physique et le spirituel, le corps et l'esprit, la création et le Créateur. C'est un révélateur et un fixateur. Il révèle ce qui est visible : le monde, autour de nous, les autres, nos semblables, et ce qui est invisible, l'âme. Il fixe dans l'esprit tout ce qui passe et ce qui se passe autour de nous, l'instant, l'événement faste ou néfaste. Or, tout ceci n'est que l'écume de la vie, semblable aux vagues qui agitent la surface de la mer...

Pourtant c'est de cela que l'on se préoccupe, sans s'interroger sur la profondeur, là où tout est calme et silence, c'est-à-dire la réalité, que bien des gens occultent, non parce qu'elle est cachée, mais simplement parce qu'ils se contentent de ce qu'ils voient et ne savent pas regarder avec « les yeux de l'esprit ».

Il faut utiliser les yeux comme un révélateur de la réalité profonde, et non comme un fixateur des événements, des conflits, des malentendus et de tous les événements passagers qui surviennent dans la vie. Dès l'instant où vous reprochez à l'autre une parole, une réaction, un comportement, une attitude, vous confondez erreur et maladresse.

La compréhension mutuelle passe par un principe simple : *ce que tu ne veux pas qu'on te fasse, ne le fait pas aux autres ;* il est complété par un principe positif : *ce que tu voudrais qu'on te fasse, fais-le aux autres.* La passion passe par la patience...

Si vous demandez le pardon pour vous-mêmes, alors vous serez guidé vers la vérité. A condition que vous pardonniez aussi aux autres. Ce n'est pas parce que vous avez pardonné que vous oubliez ! L'expérience que l'on a vécue dans la journée doit être analysée et comprise pour éviter le retour de la maladresse. Ce n'est que lorsqu'elles se répètent trop souvent que les erreurs deviennent des maladresses.

Peu importe le langage, l'important est d'être sincère. Il n'y a pas de péché, sauf celui contre l'esprit. Si l'on ressent profondément cet élan vers la Lumière, alors la peur n'existe plus.

Quand vous ouvrez le Coran ou la bible, n'oubliez pas que cette Lumière ne doit pas aveugler ; elle est en nous tous, seul le doute empêche de la voir.

Des forces cachées nous guident, après la naissance, vers la renaissance, qui est une naissance spirituelle, où nous ne parlons pas du passé, mais où, chaque jour, nous découvrons le Père dans les forces cachées en nous et celles qui nous entourent.

Elles sont révélées par la foi, cette conviction envers le Père que l'on appelle la foi, et dès lors, rien ne peu nous atteindre profondément si nous en sommes convaincus.

La conviction, c'est la limpidité. Et l'on n'atteint pas la limpidité sans la sincérité et la simplicité.

Si vous vous sentez en « situation d'échec », c'est parce que vous vous êtes coupé du monde et des autres. Vous avez du mal à communiquer.

Mais « communiquer », ce n'est pas seulement échanger des paroles. C'est se comprendre l'un l'autre, qu'il s'agisse de relations sentimentales, familiales ou professionnelles, et pour cela, il faut comprendre l'autre en profondeur en « se mettant à sa place ».

Comprendre son point de vue, c'est bien comprendre qui il est, et inversement. Et pour cela, il faut être à son écoute. Ce qui ne consiste pas seulement à écouter ce qu'il dit, mais bien plutôt ce qu'il ne dit pas, qui est sous-entendu dans ses paroles, et qu'il ne parvient pas à exprimer.

Dieu nous a uni et réuni. Il y a une sorte de télépathie du conscient, du subconscient et de l'inconscient de tous les êtres humains, qui communiquent dans l'esprit universel. On a fait de la « télépathie » une superstition, beaucoup cherchent à l'occulter, mais c'est une réalité.

C'est l'union du passé, du présent et du futur, car pour l'esprit, le temps et l'espace n'existent pas. Et de même que certains voient mais ne regardent pas, ceux qui entendent mais n'écoutent pas restent sourds à cette communication universelle.

Je l'ai déjà dit, c'est le sous-titre de mon premier livre, *Le Message,* la pensée va plus vite que la lumière ; mais il ne s'agit pas là de la pensée ordinaire ; seule la pensée supérieure, noble, universelle, la Lumière, circule ainsi.

La puissance de ces vibrations est telle que chacun peut les entendre, mais parce que beaucoup n'y croient pas, ils n'essaient même pas de les écouter, puisqu'ils sont persuadés qu'elles n'existent pas. Et ce n'est là qu'un préjugé parmi tant d'autres !

Il n'est pire sourd que celui qui ne veut pas entendre, dit le proverbe. Entendre, au sens originel, signifie comprendre ; mais alors que le malentendant s'efforce de comprendre ce qu'on lui dit, ceux qui ne se fient qu'à leurs oreilles refusent de comprendre !

Pourtant, grâce à ces vibrations, les sourciers, c'est-à-dire les découvreurs de sources, trouvent de l'eau, indispensable à la vie, dans des terrains apparemment arides.

D'autres, comme les radiesthésistes, découvrent aussi, mais après bien des efforts, ces vibrations qui existent dans chaque être vivant, animal ou végétal, mais aussi dans les minéraux et plus encore chez l'homme, puisque c'est en « accordant » les vibrations de leur corps et celles de l'eau que les sourciers découvrent des nappes ou des ruisseaux souterrains, parfois à des profondeurs importantes.

Les animaux font la même chose ; on les voit, parfois, creuser la terre ou le sable et bientôt, de l'eau apparaît dans un endroit qui semble désertique. Comme eux, les sourciers opèrent

« Inconsciemment », c'est pourquoi ils sont incapables d'expliquer comment ils font. Car ils ne cherchent pas, ils trouvent ! Parler d'inconscient, dans ce cas, c'est faire un contresens puisque, bien au contraire, c'est la conscience supérieure qui leur permet de trouver de l'eau.

Les techniciens appellent cela « se mettre sur la même longueur d'ondes », ce qui permet à deux opérateurs radio de communiquer à des milliers de kilomètres de distance.

Au sens figuré, « être sur la même longueur d'onde », c'est se comprendre sans échanger des paroles.

Cela évite bien des malentendus, car l'esprit supérieur, lui, ne ment jamais, ne dissimule rien ; il est sincère et dit toujours la vérité.

Pour cela, il ne faut pas être enfermé en soi-même, ou comme on dit, « être replié sur soi-même » ; au contraire, il faut se « déplier », être disponible, ouvert. Si l'on veut être aimé, il faut être aimable !

Les pensées centrées sur soi-même provoquent l'isolement. Quand on ne se préoccupe que de soi, les forces cachées qui sont en nous s'atrophient, donc on s'affaiblit.

Cependant, si vous êtes ouvert, disponible, prêt à écouter les autres, vous dégagez forcément de la sympathie, et la première impression sera favorable.

Vous rayonnerez de cette force intérieure, de cette « beauté de l'âme » qui est la première forme de séduction.

Les bonnes pensées ont toujours été des pensées protectrices ; une pensée forte vient de la force intérieure, il suffit de l'écouter, avec passion et patience, afin de vivre l'instant présent intensément, ce qui favorise cette pensée forte.

Pour cela, il faut être en état de réceptivité à ces vibrations universelles, se préparer à les recevoir sans peur, afin d'être enveloppé de ces radiations bienfaisantes qui donnent confiance en soi. Cela crée une présence constante, dans l'esprit, qui élimine les pensées négatives, les préoccupations, les interrogations inutiles, tout ce qui crée le manque de confiance en soi.

Cette présence, loin d'envahir l'esprit, laisse le champ libre aux idées nouvelles, constructives, positives.

Celui qui est préoccupé par le doute ne peut pas avoir l'esprit libre. Il est prisonnier du passé, des critiques, des préjugés, des idées hostiles, des « mauvaises pensées », des superstitions. Le doute, c'est d'abord douter de soi !

Ces préoccupations ne permettent pas de mener une vie active, de réussir, de mener à bien des projets, et d'avoir de bonnes relations avec son compagnon ou sa compagne, en famille ou dans le travail.

C'est la cause de la plupart des « échecs » qui se produisent dans la vie sans que l'on sache pourquoi, et que certains expliquent par le « mauvais œil » ...

Or, ces préoccupations ne sont pas toujours conscientes ; on peut « les avoir en tête » sans y penser, et c'est pour cela que l'on n'a comprend pas pourquoi on se trouve constamment en situations d'échec. Quand on les élimine, on est surpris de constater le changement d'attitude des autres personnes et l'on reprend confiance en soi.

Pour s'en libérer, il faut s'entraîner comme un sportif, et d'abord se persuader que tous les petits incidents de la vie que l'on croit importants sont des détails insignifiants, que les paroles blessantes sont souvent des réactions de défense, due au manque de confiance en soi, à l'incompréhension, au sentiment d'infériorité de la personne qui parle ainsi ; en fait, ces paroles inamicales, elle se les adresse à elle-même !

Il est vrai qu'au début, c'est difficile, mais avec de l'entraînement cela devient de plus en plus facile.

Ensuite, il faut aller plus loin, en s'efforçant de comprendre ce qui motive une personne à réagir ainsi, afin d'éviter qu'elle se comporte de façon trop émotionnelle et créer un climat d'apaisement.

C'est un moyen de se reprocher des gens sans se remettre en cause... cela peut paraître injuste, mais il ne faut pas chercher la justice dans un état émotionnel non maîtrisé par la raison. Plutôt que de répondre par une réaction tout aussi émotionnelle, il vaut mieux faire appel à la raison et essayer de présenter positivement les choses.

L'habitude est plus forte que l'amour et elle tue tout

La vie est amusante et facile, mais chacun se la complique.

Si l'on vit dans la simplicité, tout dépend de sa propre conviction pour arriver à la réalité, et vivre mieux en harmonie avec soi-même. Ici, le mot-clé est « conviction ».

La conviction doit être en soi. Dès lors, il est inutile de demander l'opinion de l'autre, puisque à chaque question que vous vous posez, vous avez déjà la réponse ! Mais chacun évite de se poser des questions intérieures parce que cela l'effraie.

Cette réalité, quelle est-elle ?

L'humanité est faite d'hommes et de femmes ; entre l'homme et la femme, le Ying et le yang, comme entre la terre et la lune, le jour et la nuit, etc., il y a complémentarité, et non opposition.

Il en est de même entre le corps et l'esprit ; trop souvent, on les oppose, alors que rien ne justifie le rejet de l'un au profit de l'autre. Il faut donc réconcilier tout ce qui, en nous, paraît se contrarier, comme la raison et l'émotion.

On sait que les bêtes vivent selon leurs instincts, mais dans êtres humains, il y a de la bête !

C'est pourquoi nous devons nous tenir entre la raison et l'émotion, entre l'amour et les caresses, c'est-à-dire entre l'esprit et le corps, car, comme le dit si bien le proverbe, « qui veut faire l'ange fait la bête ». Cela signifie que la passion amoureuse, qui créé l'émotion, ne doit pas faire perdre la raison, et que la raison ne doit pas tuer l'émotion, sous peine d'étouffer l'amour.

Vers l'âge de 12 à 13 ans, la femme prend conscience de son corps.

C'est une évolution-révolution. Pour elle, les premières émotions commencent après les règles. Dès ce moment, elle est fécondable, et elle attire malgré elle ; aussi, pour la préserver, la société a institué des tabous. Alors, pour certains, elle paraît secrète.

En fait, parce qu'elle est consciente de son corps, elle respecte ces tabous, consciemment, parfois, mais le plus souvent, inconsciemment.

C'est pourquoi, quand vous aimez quelqu'un, homme ou femme, il arrive qu'il ou elle « rentre dans sa bulle », pour se mettre à l'abri.

Si cette personne ne se sent pas à l'aise, ne lui demandez pas pourquoi ; ou ça la dépasse, ou vous avez été maladroit... Mais n'essayez pas de rattraper votre maladresse ! Le temps perdu ne se rattrape jamais dit-on, quand il est passé, qu'il soit un moment de joie ou de déception, l'homme ou la femme la plus riche du monde ne peut l'acheter.

Il ne s'agit pas de se racheter, mais de partager. Si chacun ouvre sa porte, il trouvera un bon voisin. Si l'homme fait de la femme son amie, sa confidente et sa maîtresse pour la rendre femme, la rupture n'est plus possible. Si la femme aime l'homme avant d'aimer l'enfant, cet enfant se sent en sécurité.

Si l'on arrive à la limpidité dans le couple, il n'y a plus de nuances, ni de couleurs, mais transparence. Alors la lumière peut naître.

Pourquoi « peut » ? Parce que ce n'est qu'une première étape. À deux, on peut se confondre pour ne faire qu'un, mais pour se confondre, il faut être ami et époux, et épouse et amie. On devient l'ombre de l'autre, tandis que l'autre est l'ombre de soi... Si le mari reste un enfant, la femme se ressaisit pour le protéger. Si la femme est anxieuse, c'est qu'elle doute. Ce doute, elle peut le dissiper avec son mari, s'il est son ami ; à son tour, elle deviendra sa confidente et donnera son opinion, sans condamnation.

Mais attention, le mot « amitié », il ne faut le prononcer que lorsqu'on l'a vécu !

Malheureusement l'habitude est plus forte que l'amour, et si on la laisse s'installer dans la vie du couple, elle tue l'amitié, puis la confiance, puis l'amour.

L'habitude est « la folle du logis » qui s'introduit dans la maison dès que l'on se laisse aller à la routine des gestes qu'il faut bien répéter chaque jour. Vivre ensemble doit être un acte volontaire, car rien n'est jamais acquis ! L'essentiel est d'avoir la même pensée, de partager la même conviction, d'aller dans le même sens, vers le même but, et surtout, de partager. Partager les moments de joie et de tristesse, les réussites et les difficultés, mais partager en laissant à chacun son libre arbitre. L'un ne doit pas dominer l'autre dans cette association de deux vies. Dès lors chaque partenaire peut se libérer pleinement et être lui-même. Ainsi il accepte librement, donc assume pleinement les contraintes inévitables de la vie en commun.

Mais on doit aller plus loin.

Un couple, c'est beaucoup plus que cela. Un couple, c'est un amour réciproque ; et l'amour est un mystère sacré qu'il faut célébrer en permanence.

L'union devant Dieu, c'est un culte. Mais ce n'est pas un culte officiel, hebdomadaire ou quotidien, c'est une façon de vivre ! Si vous désirez vivre pleinement votre vie de couple, tout ce que vous faites doit devenir l'expression du sacré. Si le plus humble geste quotidien, si la plus petite marque de tendresse sont des offrandes rituelles à l'esprit car vous n'êtes jamais seul dans la maison, l'esprit qui a consacré votre union veille sur vous, alors vous vivrez en harmonie avec vous-même, votre époux ou votre épouse, votre famille et l'univers tout entier ! Vous vous étonnerez vous-même en constatant alors qu'avec un rien vous faites beaucoup, alors qu'avec beaucoup vous ne faites rien si vous ne l'avez pas fait en gardant à l'esprit que l'union d'un homme et d'une femme est une union sacrée.

L'harmonie du couple est le meilleur patrimoine. Si vous n'êtes pas consentant, dites-le avant et non après, et ne reprochez pas à l'autre de ne pas tenir ce qu'il ou elle ne vous a pas promis...

C'est la femme qui fait l'homme comme l'homme fait la femme. L'enfant est le fruit de l'amitié partagée de l'un et de l'autre. C'est le cordon ombilical du couple... Or, parfois, lorsqu'un couple veut un enfant, l'un veut un garçon, l'autre une fille. L'enfant vient, et c'est lui qui décide de ce qu'il est !

Chacun croit être le maître, mais nous ne sommes pas propriétaire de la vie, nous n'en sommes que locataires. Tout est parfait, dans la nature, tout est mesuré. Pourquoi l'homme veut-il être démesuré ? « Il faut prendre la vie comme elle vient », dit la sagesse populaire. C'est le secret du bonheur.

La vie en commun demande de l'expérience ; quand cette expérience est partagée, le couple peut aller jusqu'au bout.

Et pour partager, il faut être « bien dans sa peau », c'est-à-dire en paix avec soi-même. C'est cela, la transparence, et c'est aussi simple que cela ! C'est tellement simple que c'est la simplicité même...

En quoi consiste cette simplicité ?

Quand les gens sont complexés, ils doutent d'eux-mêmes, et lorsqu'ils se regardent dans la glace, c'est pour cacher leur défaut ou, au contraire, les grossir, parce qu'ils se sentent coupables, parce qu'on les a accusés, qu'on les a tenus pour responsables de leurs « échecs », qui ne sont que des erreurs ou des maladresses, ou du malheur d'un autre ; alors, lorsqu'ils sont devant quelqu'un, ils se sentent mis à nu, et de ce fait, ils sont réellement à nu. Ce qui, bien évidemment, les met mal à l'aise... et de ce fait, ils créent un malaise dans leur rapport avec les autres.

Si vous ne vous posez pas de questions, si vous vivez avec *ce* que vous êtes, en toute simplicité, sans chercher à paraître ce que vous n'êtes pas, autrement dit, si vous vivez dans la conviction que mentir aux autres, en leur jouant la comédie, en se déguisant en un personnage qui n'est pas soi, c'est se mentir à soi-même, donc se mépriser, alors vous vivrez une vie de couple heureuse. Et pour vivre dans la vérité, il faut être vrai, c'est-à-dire être ce que l'on est.

Cela peut paraître compliqué, mais c'est plus difficile à dire qu'à faire ; il suffit de « vivre avec », comme je le dis toujours. Vous serez étonné. C'est cela, la simplicité par elle-même... Je le répète souvent, le meilleur mensonge est de dire la vérité !

Malheureusement, bien des couples se défont, non à cause d'une mésentente profonde, mais parce que l'un veut ou refuse quelque chose par caprice, et ce caprice correspond à une émotion que la raison ne peut maîtriser.

Cette émotion, d'où vient-elle ? Presque toujours de l'enfance. Les enfants ne font que refléter les parents !

Si l'enfant est venu par accident, le fil conducteur n'est pas net, l'enfant est déjà en danger.

S'il est désiré, la mère lui donne le meilleur d'elle-même ; mais là encore, l'habitude, la lassitude, les soucis peuvent créer des malentendus, des blessures de l'âme dont on ne guérit que difficilement.

Avec vos enfants, si vous dites : « laisse-moi tranquille, je suis fatiguée », ils se sentent frustrés. Les enfants ont besoin de leur maman, et quand ils ne trouvent pas la maman au moment où ils en ont besoin, ils deviennent capricieux, car ils pensent qu'elle agit ainsi par manque d'amour pour eux...

Les adultes se comportent souvent de la même façon, car ceux qui ont éprouvé cette frustration dans leur enfance sont en état de doute, et ils recherchent toujours, inutilement, bien sûr, ce qu'ils considèrent comme leur dû, ce manque d'amour dont ils ont ou croient avoir été victimes dans leur enfance. Or si l'homme reste un enfant, le monde est un jouet pour lui, et il détruit la terre, sa mère nourricière, comme l'enfant casse ses jouets, pour se venger... Puis il s'attaque aussi aux autres, par jalousie, pour leur faire subir ce qu'il a ou croit avoir subi !

Voilà où est la faiblesse, voilà où est le doute. Comme disait Coluche, à défaut de chien, on frappe les enfants, ou l'inverse. Et quand on n'a pas de chien ou d'enfant, on frappe sa femme... Les gens qui se comportent comme cela se condamnent eux-mêmes, car ils arrêtent le temps et la vie. Donc leur temps de vie.

Il faudrait éduquer les enfants par rapport au doute, car le doute est le sida de l'esprit ; c'est une fausse croyance, et chacun en est victime sans le savoir. Tout est dans la patience et dans l'amour !

Vous transmettez votre amour à vos enfants si vous leur enlevez le doute ; dès lors le mot impossible n'existe plus.

Si le doute existe ou persiste, on vit tant bien que mal, et plutôt mal que bien, car la foi n'y est plus. Alors on prend des tranquillisants et des somnifères, la « camisole chimique », comme disent les psychiatres. Il y a mieux à faire ! J'ai reçu et je reçois encore beaucoup de lettre de remerciements, car bien des enfants qui sont venus dans mon bureau ont accepté ce que je leur disais, et dès le lendemain, ont changé d'attitude.

Pourtant la parole est bien pauvre, par rapport à l'amour !

Bien qu'il soit souvent déraisonnable, l'homme moderne se prétend rationnel. En fait, c'est plutôt pour suivre la mode que par conviction ; certains affirment ne pas croire en l'irrationnel, alors qu'ils l'utilisent tous les jours et le vivent en permanence ! On peut avoir une confiance aveugle, donc irrationnelle, en la science, au progrès historique, en un parti ou en un homme politique...

L'amour est-il rationnel ? Non, bien sûr ! Comme le dit si justement le proverbe, « le coeur a ses raisons que la raison ignore ». Pourtant il apporte bien des joies, et parfois des souffrances, très réelles, quoi qu'irrationnelles, car il n'y a pas de « raisons » d'aimer, même si l'on croit en avoir ; on aime parce que l'on aime, voilà tout.

Or, l'amour, dont chacun peut parler comme d'une réalité, soit parce qu'il l'a ressenti ou le ressent, soit parce qu'il lui manque, est bel et bien invisible !

Chacun d'entre nous est rationnel et irrationnel, et nous vivons tous dans le visible et l'invisible ; affirmer ne pas croire en l'invisible, sous prétexte que ce n'est pas perceptible par l'homme ou des machines sophistiquées, relève de l'ignorance ou d'un aveuglement volontaire.

Il n'y a pas « ce qui existe et ce qui n'existe pas », il y a ce qui existe et que l'on connaît, et ce qui existe et que l'on ne connaît pas, ou pas encore.

La non-croyance découle de cette ignorance ; parce que l'on ignore, on se croit le droit ou l'on prend le droit de juger et de condamner la vérité, et aussi, bien sûr, son prochain. Il serait plus sage de ne pas se prononcer quand on ne sait pas ! Et lorsqu'on suppose, on ne sait toujours pas ; on doute, alors on traduit ce doute par des nuances, des demi-affirmations et des demi-négations qui ne signifient rien ; puis, quand on s'aperçoit qu'elles n'ont pas de sens, on cherche des sens rapprochés, puis des sens éloignés, qui provoquent des contresens, d'où naissent des contrevérités qui créent une « contre-réalité » et des fausses croyances, totalement irrationnelles, ou conduisent à la non-croyance, qui, par son apparence rationnelle, séduit l'ignorant.

Tant de mots et d'expressions prétendent exprimer une vérité par l'emploi de nuances, de demi-teintes ! « Rien n'est jamais tout blanc ou tout noir », dit-on. Mais ces expressions ne parlent jamais de transparence, qui est bien plus que le blanc et bien moins que toutes les nuances de blanc, plus ou moins grises, plus ou moins sombres parce que teintées de noir.

Et pourtant, cette transparence, chacun, au fond de lui-même, y aspire nécessairement, pour « respirer » spirituellement.

Toute la difficulté apparente de cette démarche vient du fait que l'homme cherche toujours à traduire en paroles ce qu'il ressent, afin d'être approuvé par ses proches ; si d'autres pensent comme lui, surtout si ce sont des amis, cela le rassure. Bien des personnes que j'ai rencontrées jusqu'à ce jour m'ont parlé de leurs amis et je ne suis jamais parvenu à comprendre ce qu'elles voulaient dire...

C'est souvent parce qu'on est voisin ou qu'on s'est côtoyé longtemps qu'on devient ami, et bientôt, on finit par former un clan, ou plutôt des clans.

Il y a d'abord le clan familial, puis le clan des intimes, le clan des amis, et enfin celui des copains... Tous, apparemment, parlent le même langage, et lorsqu'ils parlent d'un événement, ils « tombent d'accord », expression qui dit bien ce qu'elle veut dire, afin d'exprimer, en apparence, à peu près les mêmes opinions, ce qui crée une émotion collective qui renforce ces groupes. De sorte que ceux qui pensent différemment n'osent pas le dire, par crainte d'en être exclus

Il s'agit donc bien de « tomber d'accord » comme on « tombe amoureux », la raison s'enfuit, et l'on tombe dans l'émotion sans pouvoir maîtriser cette chute...

En réalité, dans ces groupes, on ne se voit pas l'un l'autre, car il n'est pas facile d'être avec chacun en particulier ; la plupart du temps, on n'a pas compris, et l'on ne se donne pas la peine de comprendre qui est vraiment telle ou telle personne, car aucune ne dit pas ce qu'elle pense réellement. Tous emploient avec prudence le langage commun pour ne pas se distinguer des autres ; ainsi apparaît une opinion générale, qui n'est celle de personne, mais que tout le monde approuve parce qu'elle semble être majoritaire. Progressivement, cette « langue de bois » empêche de réfléchir par soi-même, et nul n'ose la clarifier en faisant appel à la raison. Et bientôt, en dehors de ces « amis », il n'y a plus que des étrangers, voire même des ennemis.

Mais ce groupe qui devient un clan n'est pas la seule façon de croire que l'on a des amis.

Pour d'autres personnes, au contraire, un ou une amie est quelqu'un avec qui l'on entretient une relation amicale, au sens des « amicales sportives » ou de pêcheurs à la ligne. Cette relation est d'autant plus agréable qu'elle reste superficielle ; on se garde bien d'aborder des sujets profonds, personnels, intimes, de peur de « gâcher l'amitié ».

Le résultat est donc le même : on ne voit pas les gens qu'ils sont, dans leur vérité, leur profondeur, leur humanité, avec leurs qualités, leurs petits défauts qui les rendent si attachants...

En fait, entre les mots « ami » et « amitié », il y a une grande différence.

L'amitié veut dire que chacun donne d'abord, et non que chacun retrouve ses défauts à travers l'autre. La ou le véritable ami est en vous, c'est une part de vous-mêmes, et si vous en multipliez le nombre, vous ne pouvez pas les assumer.

En amitié, l'essentiel est de ne pas tricher ; tricher pour que l'on nous rende service ou tricher pour rendre service. Car si on ment à un ami, même pour lui faire plaisir, on se ment à soi-même ! Dès lors le doute s'instaure, et empoisonne cette relation, dont la valeur inestimable vient du fait qu'elle est totalement désintéressée et qu'elle ne peut exister que dans la transparence.

L'amitié est un sentiment qui ne se déclare pas, mais qui se vit, car il n'existe que dans la durée. De même la transparence ne se décrit pas. Il ne faut surtout pas chercher à expliquer ce qu'elle exprime.

La transparence, c'est une volonté permanente de vivre dans la vérité, par rapport à soi et aux autres ; pour cela, il faut commencer par ne pas se mentir à soi-même, ni dans ses paroles, ni dans ses actes, car s'ils peuvent tromper les autres, ils ne trompent jamais notre conscience.

« Vérité » est un autre mot-clé qui doit guider ceux qui aspirent à la paix du cœur et de l'âme.

Chacun peut s'efforcer d'être vrai, c'est-à-dire d'être lui-même, ce qu'il est en vérité, mais nul ne peut dire la vérité, car la parole est pauvre et primitive, par rapport à l'esprit !

Ainsi, par exemple, on dit qu'au début, rien n'était ; il n'y avait rien qu'un vide immense et incommensurable empli de ténèbres.

Pour se figurer cela, l'être humain, soumis à l'espace et au temps, ne peut recourir qu'à son imagination. Il se représente un néant infini ou il se serait précipité, sans que sa chute ne s'interrompe jamais et sans qu'il ne rencontre jamais rien durant l'éternité. Encore aura-t-il l'impression de ne pas bouger, puisque rien ne pourra le lui indiquer, pas même un souffle, un frottement, car dans le vide, il n'y a rien ; que l'on monte, que l'on descende, que l'on avance ou que l'on recule, rien ne peut permettre de le constater... Dès lors le vécu n'existe plus, puisque rien n'est perceptible ; il n'y a plus de vie...

Eh bien, cette évocation, que l'on pourrait rendre plus « parlante » en multipliant les descriptions, est insignifiante en comparaison du vide de l'âme forgée par *le* doute !

Elle flotte dans un néant infini, sans repère, sans borne, sans forme, sans espoir, où tout vécu est impossible. C'est une âme inanimée, dévitalisée, inerte, qui s'est retirée de la vie...

Mais, fort heureusement, ceci n'est qu'une apparence ; en réalité, elle n'est qu'en hibernation !

L'homme est un « microcosme » à l'image du « macrocosme », ce qui signifie que chaque être humain est

un petit univers semblable au grand univers qui nous
entoure.

Or la physique moderne nous apprend que l'énergie-
matière non structurée ne peut rester dans cet « état
critique » ; elle passe à l'état « supercritique » — ce sont
des termes scientifiques — et aboutit, soit à la création
d'un « trou noir », qui emprisonne la matière, l'énergie et
la lumière, soit à un « big-bang » qui crée un nouveau
système animé, où l'énergie et la lumière rayonnent.

Il en est de même de l'âme humaine. Lorsqu'elle est
dans l'état critique provoquée par le doute, qui neutralise
toute son énergie, elle risque de sombrer dans une
dépression sans retour, que ceux qui la subissent
appellent souvent un « trou noir » dont ils ne peuvent
s'échapper.

Comment, alors, provoquer le « big-bang » qui la sortira
du piège ? Une « lueur d'espoir » ne suffit pas ; il faut une
forte lumière, et la lumière de l'esprit, c'est la vérité.

Mais comment peut-on voir ou seulement apercevoir,
ou même entrevoir la vérité par la lumière de l'esprit,
émanant du Bien, donc venant de Dieu, si l'on ment à soi-
même ? Comment libérer son esprit, alors qu'on
l'alourdit par de mauvaises actions et des fautes que
l'on espère faire passer pour des erreurs ou des
maladresses ?

Comment faire du bon avec du mauvais, surtout lorsque
l'on sait très bien que l'on refuse de reconnaître ses erreurs

volontaires, ses jugements, ses condamnations, alors qu'on a du mal à pardonner mais qu'on aimerait être pardonné soi-même ?

Rien n'est dû au hasard, rien n'arrive par hasard. Il n'y a pas de hasard, mais des rencontres, bonnes ou mauvaises. Le hasard n'existe pas, l'esprit ne se nourrit pas par hasard. On emploie ce mot à défaut d'en trouver un autre, parce qu'on ne sait pas expliquer son contraire.

Mais est-ce vraiment parce qu'on ne sait pas ou que l'on ne peut pas, ou même que l'on ne veut pas accepter que certaines choses échappent à l'esprit, à commencer par le sien ?

Si l'on ne peut pas, on prend un mot à la place d'un autre ; c'est par ignorance que l'on aboutit à une telle erreur.

Si l'on ne veut pas, c'est parce qu'à force de confusions, l'esprit humain se nourrit de ces confusions individuelles et collectives, individuellement et collectivement.

L'esprit se soumet de lui-même à ces confusions, qui alimentent les suppositions, qui débouchent sur des superstitions, des mythes, des mystères, des doutes ; or le doute engendre la peur.

Tout un vocabulaire approximatif dénature le sens de ce que l'on vit, le vrai sens, le seul sens, celui qui mène à la vérité, qui n'appartient qu'à Dieu, la vérité une et indivisible qui n'émane d'aucune religion en particulier mais de toutes, pour n'en former qu'une.

La vérité ne connaît ni le doute, ni la crainte, ni la peur, ni l'approximation, ni la supposition, ni le mystère, car elle ne s'exprime pas par des mots et ne peut se reconnaître dans les mots, tous ces mots que nous utilisons chaque jour sans y prêter attention, comme, par exemple, « si », « peut-être », « mais », et qui, tous, éloignent notre esprit de la lumière.

En revanche, ceux qui savent sont ceux qui, au quotidien, ont vécu et vivent en Dieu, qui est la Vérité ; et de même que l'amour est un lien invisible, mais réel, cette union, incomparablement, infiniment plus forte qu'une liaison humaine, n'est plus une supposition, un doute, mais bien la réalité.

La vérité est à la portée de tous, puisqu'elle est en chacun de nous ! Chacun peut la reconnaître, l'ignorer ou la nier, car Dieu a donné à tout homme son libre-arbitre ; mais ne lui demandons pas ce qu'Il nous a déjà offert ! Demandons-nous plutôt ce que nous faisons de ce don, comme de tout ce qu'Il nous a donné en abondance, gratuitement et sans tabou.

Et puisque tout ne peut pas être expliqué, faute de savoir, acceptons notre ignorance et nos erreurs et restons humbles devant cette soif de vérité qui, en cette fin de siècle, ne cesse de grandir.

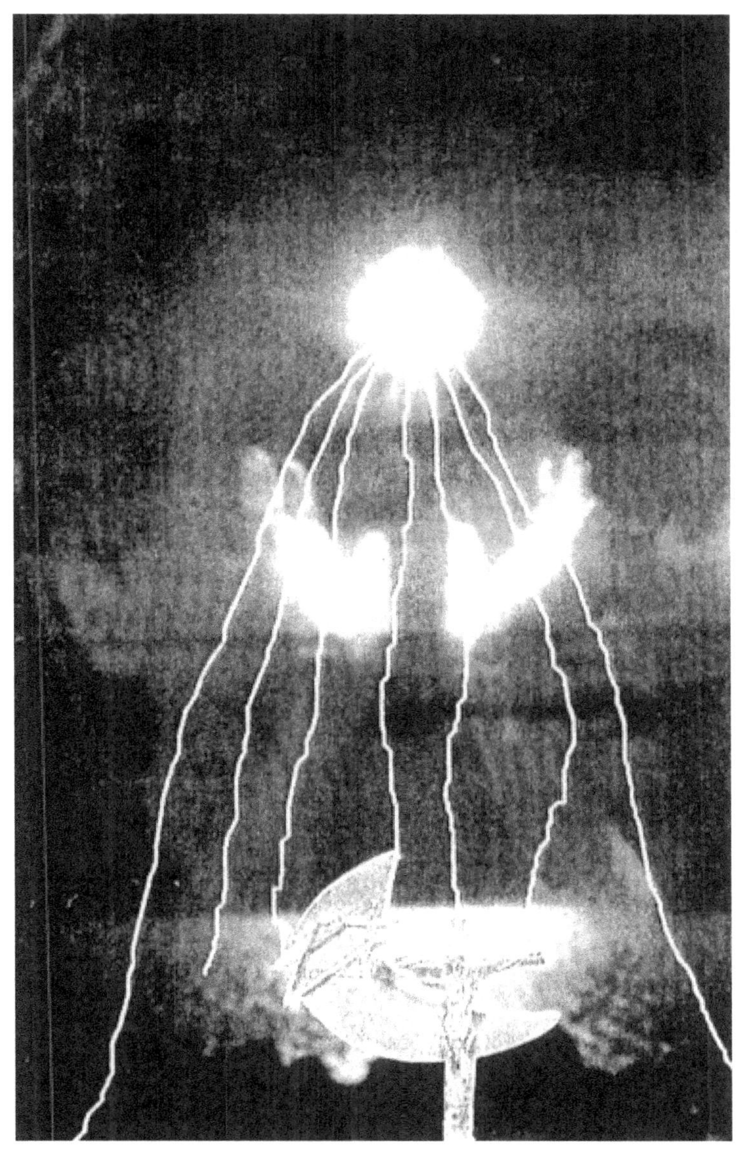

La vie est une bougie
chaque seconde la consume

L'éternité est dans la flamme
non dans la bougie

Cette expression symbolique signifie que la vie n'existe qu'en brûlant son support, comme une bougie. C'est ainsi que se perpétue les végétaux, les animaux et l'homme. Le corps est un support qui se consume en permanence.

Quant à l'éternité contenue dans la flamme, c'est l'esprit. L'esprit éclaire l'âme, la conscience de chacun, comme la flamme éclaire les ténèbres. Il est Lumière spirituelle.

Pourtant tout le monde ou presque vit dans la peur de la mort. On se sait condamné tout en étant innocent. Mais la mort est née avec nous au moment de la fécondation ! Dès que l'on est né, on vit avec la mort. Pourquoi en avoir peur ? La mort est la libération de l'esprit, sa libération du corps.

D'où vient l'esprit ? De cette incarnation que l'on appelle naissance, à l'image de la bougie neuve qu'on allume à la flamme de la bougie usée.

Le corps vient de la nature et retourne à la nature après avoir fait son temps, tandis que l'esprit n'est pas de ce monde, car il est hors du temps.

En effet, le temps dépend de la vitesse de la lumière, vitesse qu'on ne peut dépasser, sauf par la pensée, car la pensée va plus vite que la lumière. Ainsi, par exemple, la lune se trouve à un peu plus de trois cent mille kilomètres de la terre, et la vitesse de la lumière est très proche de trois cent mille kilomètres par seconde ; il lui faut donc environ une seconde pour aller de la terre à la lune. La pensée, elle, s'y rend instantanément.

Telle est la puissance de l'esprit, à l'image de la Toute-Puissance de l'Esprit divin. Il est au-dessus des lois de la nature. Il ne doit obéissance qu'à la Loi divine. L'esprit est éternel et dépasse la mort. Il ne meurt pas, il se désincarne.

C'est parce qu'il sait que le langage est pauvre que l'homme a toujours éprouvé le besoin de représenter ses idées par le dessin, des figures géométriques, des symboles et des signes qui évoquent ce que les mots ne peuvent dire.

Les drapeaux semblent avoir existé depuis la nuit des temps ; « terrible comme une armée avec ses bannières », disait déjà le Cantique des cantiques... Ils figurent la victoire sur la nature, sur les hommes, sur soi-même, et sont généralement composés de trois couleurs, car trois est le nombre de l'harmonie, du renouveau, de la régénération.

La bannière de Jeanne d'Arc, le Beauséant (beau chant), symbolisait la matière animée par la spiritualité.

Quant à l'échiquier « d'argent et de sable », le damier composé de dalles alternativement blanches et noires, il représente le passage sur terre et la dualité inhérente à l'existence terrestre, le corps et l'esprit, unis mais non confondus, les ténèbres et la lumière, liés, tissés ensemble pour constituer les rangées de dalles.

Le Blanc symbolise le bien, la spiritualité ; le Noir, le mal et la matérialité. La couleur blanche représente la transparence, car l'esprit est lumière ; le noir, qui représente l'absence de lumière, ne peut exister que par le doute.

Comme le montre l'échiquier, si l'on veut s'en tenir au Blanc, on est assailli de tous côtés par le Noir, et immobilisé. De même celui qui veut faire du Noir sa règle de vie se trouve enserré par le Blanc ; il se retranche de la société ou meurt.

Cela signifie qu'une vie humaine est faite d'une alternance de périodes blanches et noires. Le sage doit traverser les premières sans imprévoyances et les secondes sans se laisser aller au découragement. Celui qui ne veut pas reconnaître ses erreurs alourdit son esprit et subit les événements.

Le damier figure la somme des données positives et négatives qui s'imposent à nous, nous provoquent, nous assaillent, nous aident et nous contrarient et, ainsi, nous obligent à agir.

C'est notre champ d'action et chant d'action, le terrain et le terreau de notre existence que nous devons féconder avec conviction, sans y mettre et émettre le doute, mais en prenant nos responsabilités. Ce que l'on sème le matin, on le récolte le soir même ; chaque geste provoque une réaction et chaque parole un commentaire.

C'est le secret de la vie, et chacun le possède ; tout homme en a hérité, tous le voient, la sagesse y mène. Tout ce qui est invisible n'est visible que par les sages...

Il y a une phrase extraordinaire dans l'Évangile, mais personne n'en a vraiment compris le sens : « rendez à César ce qui appartient à César et à Dieu ce qui appartient à Dieu ». Ce qui Lui appartient n'appartient qu'à Lui. Qu'est-ce que cela signifie ?

Tout simplement ceci : ce que Dieu nous ordonne, faisons-le. Si je le fais, le reste Lui appartient. Que sa volonté soit faite ! Là est la vérité.

L'amour, c'est la foi, le bonheur vient à ceux qui croient en eux et à Dieu.

Je ne vous demande pas de croire, mais seulement de constater !

Toutes les aspirations vers Dieu s'expliquent par le fait que l'homme est un petit dieu qui voudrait accéder au Divin ; le cheminement spirituel est guidé par l'espoir de Dieu et de s'unir à Lui.

Lorsque cette volonté est présente en l'être humain, le cheminement est possible ; il passe toujours par la sagesse et l'amour, et non par la raison matérielle.

Le doute nuit à notre conscience et à notre pensée ; la lumière ne peut être obscure, et la lumière qui nous éclaire et nous anime tous peut et doit résister à l'épreuve de la vie.

L'histoire montre qu'apparemment, le pouvoir réside dans la faculté de se montrer inhumain. Mais le véritable pouvoir vient de Dieu, c'est le pouvoir de vivre et d'agir dans la vérité, envers soi-même et envers ses semblables.

Certains hommes sont heureux ; ce n'est pas parce qu'ils sont tranquilles ou indifférents, mais, au contraire, parce que leur âme est mise en activité par de grandes vérités. Eh bien que les mortels infligent une justice sévère aux faibles et douce aux forts, un homme qui meurt comme un chien reste un homme.

Mais un être humain est lent à se façonner, et souvent il lui faut beaucoup de temps pour comprendre.

Bien des hommes cherchent la vérité et la simplicité ; et qu'y a-t-il de plus vraie que la vérité elle-même, de plus simple que la simplicité même ?

Chacun cherche partout ce qui est en lui ! Chercher le grand, comme le font les ambitieux, c'est perdre le simple ; chercher le simple, comme certains tourmentés, c'est perdre le grand ; on ne doit jamais oublier que le Blanc est entouré de Noir, et inversement, autrement dit que l'excès, qu'il soit de bien ou de mal, est toujours néfaste.

Soyez ce que vous devez être, et la lumière et la transparence émaneront de vous comme d'une source inépuisable.

L'âme cherche sans cesse à exprimer cette conscience du Divin qui est en nous ; il suffit de ne pas l'en empêcher. Parfois, dit-on, on laisse parler son cœur... Alors laissez parler votre âme, et vous verrez que, tout comme Gandhi, le Mahatma (Grande Âme, en hindou), vous avez aussi une belle âme.

L'image de la bougie qui brûle en permanence pour alimenter la flamme éternelle signifie aussi que la vie est précieuse, que chaque seconde compte.

Une horloge avance ou retarde, mais ne recule jamais, parce qu'elle marque le temps, et le temps s'écoule dans un seul sens. L'homme ou la femme la plus riche du monde ne pourra jamais racheter l'heure passée

Si l'on comprend cela, on comprend qu'en « perdant son temps » on perd le plus précieux de soi-même. Nous gaspillons notre corps, le support de notre esprit, qui se consume irrémédiablement. Nous abrégeons le temps imparti à notre esprit.

Or, dit l'Évangile, « ce qui naît de la chair est chair, et ce qui naît de l'esprit est esprit ».

Nous connaissons la chair de notre chair, ce sont nos enfants. Que savons-nous de l'esprit qui naît de notre esprit ? Rien, si nous ne prenons pas le temps de chercher !

Dieu nous a donné l'arme absolue : l'esprit. Mais chaque homme voit à son image et non à l'image universelle de Dieu. Il se contemple dans un miroir, il ne voit que son corps et il a peur de mourir. Il faut regarder à travers le miroir pour voir ce qui ne meurt jamais : l'esprit.

Celui qui a tout n'a rien. Celui qui n'a rien a tout.

La richesse empêche de voir l'esprit. Voilà pourquoi celui qui a tout n'a rien. La pauvreté libère l'esprit. Voilà pourquoi celui qui n'a rien a tout. On arrive en enfant et l'on repart en enfant : un et nu.

La richesse est dans l'esprit, la pauvreté sur le corps.

Si notre amour pour Dieu est à la mesure de ce qu'il nous a donné, et qui est vendu par l'homme, qui n'a rien créé mais seulement modifié, alors pourquoi avoir peur de Celui que nous aimons ?

Nous venons de la terre, comme le rappelle le symbole de l'argile. Les initiés l'ont compris, les autres non, parce qu'ils ne veulent pas comprendre. Donc ils ne comprennent pas pourquoi nous retournons à la terre...

Le monde est un recommencement éternel. Le mot « infini » signifie « recommencement éternel ». Construction et destruction se succèdent, la vie est une lutte permanente entre l'une et l'autre. L'homme doit participer à cette lutte, car il est fait pour cela, s'il ne peut pas ou ne veut pas lutter, il s'ennuie, et lorsqu'il s'ennuie, il se détruit. C'est pourquoi ceux qui la recherche trouvent une autodestruction plus rapide...

La haine est proche de l'amour. Chacun prône l'amour, le bien, et condamne la haine, le mal, mais sur le damier de la vie, où commence le bien et où finit le mal ? On s'interroge et l'on doute... Parfois on croit agir pour le bien de l'autre, et on lui fait du mal.

Mais si on enlève le doute, tout devient possible, le mot « impossible » n'existe plus. Or cette conviction que l'on recherche, on l'a en soi, entre la raison et l'émotion.

Entre le cocher, le fiacre et les chevaux, qui doit commander ? S'il se laisse mener par son inconscient, notre esprit est un cocher qui laisse aller ses chevaux où ils veulent, et le fiacre -notre corps - va en cahotant d'ornières en ornières.

Nous croyons nous connaître, et nous connaître en vérité, alors qu'à chaque instant nous improvisons et nous cherchons un bouc émissaire pour les erreurs et les fautes que nous laissons commettre par notre inconscient !

Par rapport à cette réalité profonde, il n'y a qu'un seul choix ! Car la seule conviction que l'on peut avoir, c'est Dieu.

Cette conviction sait s'activer au plus profond de nous-mêmes, c'est ce qui fait que nous sommes tous des êtres de chair et d'esprit.

Que faut-il chercher ? Est-ce la simplicité ? Est-ce la vérité ? Chacun la conçoit à sa manière, mais personne ne se retrouve en elle. Reste l'espoir, mais il faut plus que l'espoir !

En fait, chacun, à sa naissance, reçoit un héritage, qui est le même pour tous, mais peut savent l'entretenir.

Or il suffit de le maintenir en bon état pour pouvoir offrir, faire plaisir, et se faire plaisir.

La réalité plus vraie que vraie, plus simple que simple, c'est de suivre la nature, les saisons ! On peut avoir une passion, mais on ne doit pas tout lui sacrifier, et surtout pas son temps de vie ! Il faut se donner l'opportunité de vivre l'instant, se donner le temps d'apprendre et le temps de vivre avec.

Apprendre pour comprendre et comprendre pour apprendre... Celui ou celle qui ne veut pas se renseigner auprès de lui-même, qui renonce à regarder autour de lui, qui refuse de vivre avec la simplicité et la vérité, et non avec le doute, est comme un cocher qui laisse ses chevaux s'emballer. Ces animaux sont très craintifs, le moindre bruit, le moindre objet leur semblent menaçants et les affolent si le cocher ne les maîtrise pas, le fiacre ne tarde pas à verser dans le fossé !

Qui comprend que tout est relatif, sauf l'universel, et qu'il est un grain de sable dans l'univers mais qu'il fait partie de cet univers, est comme le cocher qui maîtrise ses chevaux.

Car l'inconscient est comme eux, il se « fie aux apparences », et prend peur pour un rien ; si on lui laisse les rênes, il mène à la catastrophe.

Verser dans le fossé, pour le corps, c'est tomber malade, d'une maladie souvent très grave, comme le cancer, qui est souvent « psychosomatique », c'est-à-dire déclenché par l'organisme, que l'inconscient pousse à l'autodestruction.

Seulement voilà... L'homme a toujours été fasciné par le pouvoir, et bien des maladresses ont été sciemment répétées pour assurer ce pouvoir.

Les fautes et les erreurs involontaires ont fait bien des victimes, mais beaucoup moins que les manipulations et les mensonges de ceux qui s'accrochent au pouvoir, quel que soit ce pouvoir, collectif ou individuel !

La société a créé tant de tabous, d'interdits, d'obstacles, de barrières à l'amour fraternel qui devrait unir les êtres humains, que tout le monde lève la tête vers le haut pour oublier ce qui se passe en bas, et l'on demande la charité au nom du Père pour gérer encore et toujours la misère... Ce monde est vraiment un enfer, et cet enfer, ce sont les hommes qui l'ont créé !

Les mots sont relatifs, approximatifs, mais nous les laissons nous manipuler par paresse, inconscience et peur du pouvoir qui impose ses tabous. Chacun se pose encore et toujours des questions et oublie que la réponse et en lui-même.

Il ne faut pas oublier ce qui se passe en vous, dans votre corps et à l'intérieur de votre tête, car ce qui se produit à l'extérieur influe sur ce qui est à l'intérieur. Il faut le reconnaître, l'admettre, et vivre avec.

Faute de quoi la conscience devient une prison sans barreau.

Ainsi va le monde, dénaturé, démesuré par l'inconscient de l'homme...

Si je peux en parler, c'est parce que, comme tout le monde, je l'ai vécu. Mais j'ai l'ai toujours vécu avec la conviction, au plus profond de moi, qu'un Principe, un Être universel, a donné la vraie Loi. Chaque jour je pense avec certitude à son nom ; je sais que l'humanité fait partie de cet ensemble qui nous dépasse infiniment, et que si les hommes font des lois qui n'ont aucun sens, elles ne peuvent être suivies. Le pouvoir ne dure qu'un temps et on ne peut exterminer tout le monde !

Mais vous ne pouvez pas être moi et je ne peux être vous. On ne libère que celui qui veut se libérer.

C'est l'émotion qui a étouffé, dénaturé, compliqué ce qui est simple et naturel, la vie.

C'est l'ignorance ajoutée à l'émotion qui fait chercher ce que nous avons déjà en nous. Le mal n'existe que parce qu'on l'alimente ! Qui peut se permettre d'imposer sa loi et la justice des hommes ?

Et la vérité et la justice divine ? Qu'en font-ils ? Pourtant, elle est en chacun de nous.

Dieu n'a jamais confondu ses enfants, se sont ses enfants qui l'ont confondu avec les dieux, ces idoles qui, aujourd'hui s'appellent le pouvoir et l'argent !

Il est facile de se faire un ennemi, mais pour l'amitié, il faut du temps. Il faut que chacun prenne conscience de la valeur de l'autre, qu'il la reconnaisse et la respecte pour pouvoir vivre avec lui, afin que chaque être humain, à la fois unique et uni avec ses semblables dans la même ferveur et la même conviction, s'intègre à l'universel.

Savoir vivre en harmonie avec la vie est indispensable. Chaque jour, il faut agir avec confiance et conviction, être, se nourrir, vivre pour avoir la vie éternelle. Si chaque être est unique, c'est parce qu'il a une mission particulière ; certains l'acceptent, d'autres la redoutent, mais tous ont besoin de profondeur, de la vraie profondeur. Et l'unique profondeur, c'est Dieu.

Ce langage peut gêner, indisposer et même irriter, mais je ne fais que citer ! Une vérité ne reste jamais prisonnière ; quand on a une conviction, les mots vérité et simplicité ne font qu'un, car c'est dans la simplicité que jaillit la vérité. Mais plus la vérité est simple, plus on redoute de se poser des questions... Ceux qui l'ont vécu en témoignent !

Tout dépend de chacun, au plus profond de lui-même. La terre est nourricière, la mer est nourricière, et sur cette magnifique planète bleue et verte, que chacun d'entre vous se persuade qu'il n'y a pas d'erreurs ou de maladresses irréparables !

Toutes peuvent autres être réparées entre la raison et l'émotion, car l'émotion est le corps et la raison est l'esprit.

Laissons les chercheurs chercher ce qui existe déjà et qu'ils ne trouveront jamais, ni au début, ni au milieu, ni à la fin de leur recherche, car l'infini est continuité et la vie est un point sur cet infini ! Chaque saison apporte son message, l'important est d'avoir un sens, un chemin, et une certitude. Si vous n'avez pas de direction, vous serez désorienté et vous tournerez en rond.

Bien des gens prétendent se connaître, or ce qui est à l'intérieur de soi, on ne peut le voir avec les yeux, mais quand on le voit avec l'esprit, on s'affole.

Pourquoi ? Il faut vivre avec ! Celui qui se découvre à chaque instant et à chaque seconde se régénère sans cesse. Quand l'esprit se libère, le corps se libère aussi, et inversement.

Dans cette liberté, dans cette limpidité, on peut comprendre les autres et partager avec eux. Tout dépend de notre conviction par rapport à la réalité suprême, la conviction de Dieu

La plénitude est à l'intérieur de soi, dans cette conviction.

La sagesse est dans la simplicité

L'obstacle, entre la raison et l'émotion, et entre la conviction et la vérité, ce sont les mots.

Ce n'est pas que l'on veut toujours avoir raison, loin de là, mais l'on a une opinion, des certitudes, des préjugés... Et l'on veut persuader l'autre, les autres, que cette opinion est juste, que ces certitudes sont incontestables, que ces préjugés sont des vérités.

Il faut aller plus loin, et écouter l'autre, mais non pour pouvoir le convaincre, le faire changer d'avis ; il faut l'écouter avec passion, afin d'essayer de le comprendre, non pas avec cette rigidité mentale qui fait que l'on prend comme une agression tout point de vue différent du nôtre, mais pour mieux connaître l'homme ou la femme qui parle ainsi.

De sorte qu'au lieu d'émettre des ondes négatives, pour se défendre inconsciemment contre ce qui est perçu comme une attaque personnelle, il émane de nous des ondes positives, une sensation d'accueil, d'ouverture, qui crée un climat de confiance.

On ne s'adresse pas de la même façon à une personne qui entrouvre sa porte et à celle qui l'ouvre largement !

Dès lors, si quelqu'un se montre réellement agressif, il est désarmé par cette attitude et ne tarde pas à changer de ton. C'est généralement sous le coup de l'émotion qu'il parle ainsi, et on l'amène assez rapidement à la raison.

Ces ondes positives ou « bonnes ondes », et négatives ou « mauvaises ondes », sont en nous comme le bien et le mal sont en nous. Dieu nous a donné tout en double : nous avons deux yeux, deux narines, deux oreilles, deux mains, pour voir, sentir, entendre, toucher. Les femmes comme les hommes possèdent des hormones mâles et femelles, en proportions inverses selon leur sexe. C'est une loi de la nature : le positif, le « plus », n'existerait pas sans le négatif, le « moins », comme le bien n'existerait pas sans le mal. Si tout était « bien » le monde ne pourrait pas fonctionner, si tout était « mal » le monde serait détruit !

Dieu a donné le poison et le contrepoison. L'un sans l'autre n'existe pas, c'est ainsi que la création s'équilibre.

Le bien et le mal sont passifs, inertes, ce sont les gens qui les utilisent soit pour faire du bien, soit pour faire du mal ! Le mal ne peut exister qu'à travers les hommes.

Nous devons choisir entre le bien et le mal qui sont en nous, comme en toute chose. Et selon notre choix, nous émettons des ondes positives ou négatives.

Ainsi en est-il du pouvoir : c'est un bien et un mal.

Il faut que ceux qui possèdent un talent ou des connaissances plus grandes dans tel ou tel domaine puissent commander, c'est-à-dire imposer leur point de vue. Cela fait gagner bien du temps, parce que sinon la moindre décision à prendre provoque d'interminables discussions. Dans ce cas, le pouvoir permet d'être plus efficace, c'est un bien.

Mais l'immense majorité des hommes qui arrivent au pouvoir sont soit des malades, soit des individus que le pouvoir rend malades. Dès qu'ils ont un pouvoir, ils dominent, ils deviennent des tyrans, ils l'utilisent mal, donc ils font le mal.

L'homme met de l'orgueil et de la fierté dans ses actes. Ce peut être un bien, par exemple pour lutter contre la lâcheté et la paresse, mais nous les utilisons presque toujours pour dominer, et cela devient un mal. C'est pourquoi bien des couples se défont...

Heureusement, les femmes font souvent l'inverse, elles essaient de comprendre l'autre. Mais pourquoi l'un et l'autre ne donneraient-ils pas ? La vérité se donne par le geste vers l'autre, par l'amour.

Malheureusement, l'amour, on veut tellement le conserver qu'on oublie de le donner !

On commence dans la lumière de l'amour et l'on finit dans les ténèbres de l'égoïsme parce qu'on oublie la lumière. On la garde en soit, donc on ne peut la propager, alors les autres restent dans les ténèbres. Ils deviennent agressifs, se replient sur eux-mêmes...

Nous ne devrions agir que par amour, celui qu'on nous a donné, afin de le donner à notre tour. Mais le venin est dans l'homme, comme dans tout ce qui existe, et celui qui ne le sait pas s'empoisonne lui-même. Puis, lorsqu'il donne du poison aux autres, il fait semblant de s'apitoyer, en disant : « c'est malheureux pour lui » ...

Or la plupart des gens sont tellement égoïstes qu'ils ne réagissent pas, sous prétexte que « cela ne les regarde pas ». C'est faux !

Celui qui est assuré de l'impunité récidive, et un jour, il s'attaque à ceux qui se croyaient hors de portée...

 Nous sommes trop personnels. Trop à l'écoute de nous-mêmes !

Ce venin, en l'homme, qui empoisonne son esprit et le pousse à empoisonner celui des autres, c'est le doute. Je l'ai dit et redit, mais on ne le répète jamais assez !

Mais d'où vient le doute ? Des tabous et des conventions. Il est interdit de faire ceci, cela ne se fait pas... Ou au contraire, il faut se comporter comme ceci, paraître cela, etc.

Le paraître est l'ennemi de l'être ! Il empêche d'être soi-même, en toute simplicité. Les « signes extérieurs de richesse », l'argent, les crédits bancaires, le pouvoir politique et économique sont une prison sans barreaux qui emprisonne, non le corps, mais l'esprit.

La vérité est dans la simplicité. « Heureux ceux qui sont simples en esprit, car le royaume des cieux leur appartient », dit l'Évangile. Ce royaume céleste, donc spirituel, ouvert aux esprits simples, c'est-à-dire à celles et à ceux qui gardent ou retrouvent une vraie simplicité intérieure, c'est la paix du cœur et de l'esprit.

Être soi-même, en toute simplicité, c'est vivre dans sa vérité ; paraître, c'est masquer le doute.

Quand on doute, on doute d'abord de soi ; c'est pourquoi le doute se révèle par la maladresse. Ainsi, et c'est un exemple volontairement simple, si l'on tombe, on ressent cette chute comme une maladresse et l'on doute de soi, alors qu'elle n'est due qu'à une erreur, un moment d'inattention.

Chacun doit comprendre que les erreurs ne sont pas des maladresses, mais qu'il faut s'efforcer de ne pas les répéter, sinon elles deviennent des maladresses !

Les vraies maladresses sont des erreurs qui reviennent toujours dans les mêmes circonstances et révèlent le doute.

Pourtant, chez certains, les maladresses sont tolérées, chez d'autres elles sont admises et chez d'autres encore, elles sont encouragées !

Dans une société où chaque geste provoque une réaction, chaque mot suscite un commentaire, chaque idée déclenche la critique, cela paraît plutôt étrange...

Mais qui cherche l'intention derrière les paroles ? Quelques sages, tout au plus, qui savent que les assoiffés de pouvoir font tout pour séparer les humains

En fait, cette curieuse indulgence a un double but, individuel et collectif.

Individuellement, ces maladresses renforcent le doute de soi, qui trouble l'esprit et l'empêche de penser, et les complexes d'infériorité, qui découragent l'action et incitent au « laisser faire ».

Collectivement, le doute favorise les superstitions et les croyances absurdes, fait prospérer les sectes, aggrave la confusion des esprits et sépare les humains, ce qui permet de mieux « diviser pour régner ».

D'autant que ces maladresses, c'est-à-dire ces erreurs répétées, permettent de faire adopter des règlements et des lois qui confortent le pouvoir, tandis que la Loi divine, universelle et éternelle, est niée, reniée, ignorée.

« Tu ne tueras point », dit notamment la Loi ; et l'on fait croire aux crédules qu'il s'agit seulement de ne pas tuer physiquement ! Le meurtre de l'esprit, par l'action psychologique, personne ne le condamne.

Pourtant les mots et les attitudes sont des armes redoutables que les lâches, les hypocrites, les calomniateurs utilisent fort bien. Tous ces « bien-pensants » utilisent le « qu'en dira-t-on », la rumeur, le mensonge, pour commettre leur forfait, et lorsqu'il est accompli, ils prétendent qu'ils n'y sont pour rien !

Combien de gens sont acculés au suicide ou à la mort lente dans le désespoir, ce qui est sans doute pire, par des individus sans scrupule qui s'appuient sur le doute qui les ronge pour les dominer ou les agresser psychologiquement en toute impunité, puisqu'ils ont la loi de leur côté, cette loi humaine qui ne punit pas « l'atteinte à l'intégrité mentale » ?

Le viol, cette atteinte à la dignité et à l'intégrité physique, est considéré comme un crime. Pourquoi le

« viol des cerveaux » n'en est-il pas un ? Les blessures de l'âme sont longues à cicatriser, et certaines ne se referment jamais !

On « déplore » les suicides collectifs des membres de certaines sectes, mais personne n'a dénoncé les manipulateurs qui ont poussé ces pauvres gens à ce geste fou avant que ces tragédies ne surviennent. Or c'est cela, distribuer le poison aux autres.

L'homme casse, détruit, manipule inconsidérément pour dominer, « être le plus fort » aux yeux de tous ! Il se comporte comme un petit enfant qui casse ses jouets.

Mais quand on en arrive aux viols physiques et moraux sur des personnes mises en condition par des mascarades avec des costumes et des décors dit « occultes », lorsqu'on pratique l'hypnose pour s'emparer de bijoux et de terres, lorsque des gens modestes se font voler leur pécule économisé sou à sou et se retrouvent du jour au lendemain à la rue, et cela arrive partout dans le monde, alors il faut dire halte. Il faut réagir ! Les charlatans, qui se qualifient parfois de « marabouts », et le plus souvent de « grands professeurs », ont appris quelques formules en Afrique, aux Antilles ou à Haïti, mais sont incapables d'apporter une aide. On entre chez eux avec un problème et on en sort avec trente-six autres, après avoir perdu son argent. Généralement, cela se termine en dépression nerveuse. Si ces prétendus « voyants », « médiums », « gourous » ou « marabouts » se contentent de prendre de l'argent sans obtenir de résultats, ça n'est pas trop grave. Perte d'argent n'est pas mortelle... Si elle est légère !

Certains de ses individus sans scrupules ont créé des sectes pour s'enrichir au dépend des gens faibles, à la recherche d'eux-mêmes, en promettant tout et n'importe quoi.

Au nom de Dieu, ce qui est un sacrilège, ils les dépouillent de tous leurs biens, ils vont jusqu'à s'emparer de leur salaire ! Et les sectes s'attaquent aux enfants, comme je l'avais prévu depuis longtemps. A partir des années 70, des escrocs ont exploité la crainte et la peur de la fin du monde. Des gens y ont cru ! Ces sectes ont pris leurs enfants et maintenant, ils pleurent ces enfants perdus...

Des associations ont été créées pour combattre ces malfaiteurs, mais elles sont assez peu efficaces, car les lois ne protègent pas ce genre de victimes. C'est pourquoi les bons médiums, et il y en a de très bons, heureusement, doivent réagir vigoureusement et se coaliser pour éliminer ces dangereux charlatans.

Quant au public, il ne doit pas se laisser impressionner par des mises en scène grotesques et des discours délirants.

Le sage et celui qui trouve en lui sa propre faiblesse et la corrige. Rien n'est plus facile : le chemin est tracé par la Loi, tout a été offert et donné, Dieu est parmi nous, nous sommes en lui et il est en nous.

Celle ou celui qui acquiert cette conviction est sûr de lui-même, non pas totalement, car nul n'est infaillible, mais à 95 %. Ainsi le taux d'erreurs n'est plus que de 5 %, et elles ne deviennent jamais des maladresses, car on ne les renouvelle pas.

On appelle souvent ces gens, ces sages, des « personnes d'expérience ». En fait, je l'ai dit, tout le monde vit des expériences, heureuses ou malheureuses.

Mais beaucoup ne savent pas les utiliser, parce que le doute leur fait croire que lorsque les événements sont heureux, c'est « par hasard » ou « par chance », et que lorsqu'ils sont malheureux, « c'est de leur faute ». De sorte qu'ils n'en tirent aucun enseignement.

Mais alors, pourquoi la plupart des sages se taisent-ils ? Parce que s'ils donnent des conseils, les gens les insultent ! Chacun prétend savoir ce qu'il doit faire. L'orgueil aveugle, la vanité rend sourd, et ceux qui ne voient rien et n'entendent rien n'existent pas. Tous nos défauts sont dans l'esprit ! Il n'y a pas de femme « frigide » et la stérilité est un rapport au passé. Tout est mental, tout est « psychique » et « psychologique », c'est-à-dire dans l'esprit !

Il n'y a qu'une réalité, c'est l'esprit. Le corps est son miroir et lui permet d'agir dans un monde d'apparences.

Cette connaissance fondamentale proclamée par les initiés depuis des millénaires a été clairement formulée par le grand philosophe et mathématicien René Descartes. « Je pense, donc je suis », écrivait-il. « La seule chose dont je sois absolument sûr, c'est que je pense. Et je ne peux pas m'empêcher de penser », ajoutait-il.

Mais malgré les recherches sur le cerveau, on ne trouvera pas le « siège de l'esprit ». Il est en nous, il existe indépendamment de notre volonté ; le charnel n'est une enveloppe qui contient l'esprit le plus longtemps possible. Quand on se brûle, la chair est touchée, mais c'est l'esprit qui ressent la brûlure...

C'est pourquoi le suicide ne mène à rien, car il abrège la vie du corps mais jamais celle de l'esprit. Il faut vivre en sérénité, en accord avec la nature, avec le temps.

Pourquoi douter de soi ? Qui de nous ne fait pas au moins une faute dans la journée, ne serait-ce qu'en pensée ?

Il faut s'accepter tel que l'on est et accepter ce que l'on a en soi.

Celui qui a quelques vêtements les porte avec plaisir, celui qui en possède des dizaines ne sait pas lequel choisir. Dieu lui a donné la prospérité et il ne sait pas s'en servir !

L'adulte, qui reste un enfant, pleure quand survient un malheur. Il ne peut l'admettre, il casse tout, autour de lui, comme il cassait ses jouets, enfant, lorsqu'il était contrarié.

Celui qui peut admettre que le mauvais succède au bon et le bon au mauvais, comme la nuit succède au jour et le jour à la nuit, celui-là ne fait qu'observer, conserver, améliorer. L'homme n'a rien créé, il ne fait que modifier. Il en est de même dans la nature : « rien ne se perd, rien ne se créé, tout se transforme », affirme la science.

Si vous acceptez les lois de la nature, vous n'êtes plus déphasé. Vous allez vous accepter vous-même, vous pouvez vous regarder en face et tenter de vous comprendre, donc de comprendre les autres, puisqu'ils sont vos semblables.

Vous n'êtes plus choqués par eux, au contraire, ce qui est bon pour vous est bon pour eux, donc vous le donnez, vous le partagez.

La machine la plus sophistiquée ne vaut rien sans l'homme, car c'est lui qui lui donne une parcelle de son intelligence. Lui, il s'abrutit lui-même.

Dieu a tout mis à notre disposition : des livres, les Saintes Écritures, et des sages ; si nous réfléchissions aux messages qu'ils nous ont laissés, nous n'aurions pas de problèmes. Il nous a tout donné à notre main !

Il n'y a qu'une parole juste et vraie, mais elle est trop proche de l'homme, cela l'ennuie. Il va chercher très loin ce qui est tout près, car elle est en lui ! Alors il va chercher un mystère, et après un autre mystère. S'il avait compris que le premier mystère est Dieu, il n'irait pas en chercher d'autres, car tout est inclus en lui. Mais l'homme a peur du Mystère divin.

Pourquoi avoir peur, si on le vénère ? Dieu a donné la mesure, et l'homme ne veut pas apprendre à mesurer « l'insignifiance des choses » humaines par rapport à l'universel ; il vit dans la démesure, et cela provoque des guerres, la misère, le malheur.

Celui qui sait mesurer, le sage, dit ceci : « Ce que Dieu t'a donné, l'homme ne peut te l'enlever. Il ne peut que te nuire. Si tu n'as pas peur, laisses-toi frapper. Si tu tombes, dit lui : "excuses-moi d'être tombé, car je suis là pour te relever". Car tu sais qu'il va tomber ! Pourtant, si tu veux l'aider pour qu'il ne tombe pas, il refuse ton aide, car lui ne sait pas qu'il va tomber. Si tu persistes, il te traite de fou ! Ce n'est qu'après être tombé qu'il te dira : "Si j'avais su, je t'aurais écouté". Pourquoi ne savait-il pas ? Chacun est maître de sa vie et de son sort ! Tout dépend de la profondeur et du sens qu'il donne à son existence ».

Il ne faut pas craindre la vérité et la simplicité, même si cela choque. La taire, parce qu'on redoute l'opinion des autres, c'est avoir peur de son ombre. Il faut la clamer.

Il faut s'efforcer de vivre avec cette simplicité, malgré les règles, les lois, les conventions, dans la conviction de Dieu, l'universel.

Lorsque qu'il manque quelque chose, nous levons les yeux au ciel. C'est bien par ce que nous savons que tout vient de l'esprit ! Nous recherchons instinctivement la lumière qui peut nous éclairer, et cette lumière est celle de l'esprit...

Cette lumière existe toujours et elle est en nous tous, mais pour certains, elle est ténèbres...

Elle est offerte et donnée dans tout l'univers et elle est assez puissante pour éclairer l'esprit humain. Si l'on fait appel à elle, elle devient visible à l'intérieur de soi et elle rayonne à l'extérieur. Chacun la voit et l'appelle sagesse.

« Sagesse » est l'un des mots-clés qui mène à la paix intérieure.

La lumière est en nous

Quand on parle du pouvoir, on sous-entend presque toujours le pouvoir politique ou économique, le pouvoir « temporel », qui s'exerce par la société, régie par des lois et, en fait, par la force, cette « loi du plus fort » devenue la « loi des lois » contre la Loi divine, la Loi d'amour proclamée dans l' Évangile.

Mais il existe aussi des pouvoirs « occultes », ce qui veut tout simplement dire « cachés », parce qu'ils ne sont pas visibles, car ils proviennent de la force mentale et non de la force physique ou de la « force de loi », la force publique.

Or les gens sont impressionnés par ce qu'ils voient, le spectaculaire, tandis que ce qu'ils ne voient pas, lorsqu'ils savent que cela existe, leur fait peur. C'est pourquoi ces pouvoirs occultes fascinent, et certains en profitent pour soutirer de l'argent aux personnes en difficulté ou pire encore, en détresse, en leur faisant croire qu'ils vont faire un miracle grâce aux pouvoirs occultes qu'ils prétendent posséder.

C'est si simple ! Un individu se procure un livre, le lit rapidement et se proclame « médium », voire même « sorcier ».

Il mélange écritures arabes et ingrédients sans savoir ni pourquoi ni comment. Non seulement les charlatans disent n'importe quoi, mais de plus ils menacent l'équilibre mental des personnes qui les consultent, car elles sont extrêmement fragiles !

En réalité, tout être humain a un pouvoir en lui, mais de même que chaque personne est différente des autres, chacun de ces pouvoirs est différent et plus ou moins fort, et cela pour au moins deux raisons.

Premièrement, parce qu'il faut de tout pour faire un monde, seule la diversité permet son fonctionnement harmonieux. Deuxièmement, parce que nous avons tous, sans exception, une mission à remplir dans ce monde. Aucune mission n'est jamais exactement semblable à une autre, même si elles se ressemblent beaucoup. Donc, pour des missions différentes il faut des pouvoirs différents.

En revanche, tout le monde possède la sagesse. Mais peu s'en servent ! Cette lumière est si proche de nous, puisqu'elle est en nous, que bien des gens se croient dans le noir parce qu'ils regardent avec les yeux, et non avec leur esprit.

Cette lumière qu'ils n'arrivent pas à distinguer et qui est en nous tous, c'est l'âme. Le corps n'est que le miroir de l'âme, et ce qui s'exprime dans l'âme est éternel.

« Lumière » est le cinquième mot-clé.

Or, cinq est le chiffre de l'homme : pour reprendre l'image du fiacre, qui est notre corps, nous avons deux jambes, les chevaux, deux bras, les rênes, une tête, le cocher, soit cinq moyens de diriger notre corps. Pour aider notre tête à aller dans la bonne direction, nous avons cinq sens, tandis que nos mains, avec leurs cinq doigts, sont nos premiers outils.

Notre corps possède cinq organes vitaux : le cerveau, le cœur, les poumons, le foie, les reins...

Quant à la lumière, elle est notre guide sur le chemin de la vie ; c'est elle qui permet au cocher, notre cerveau, de ne pas s'égarer. Cette lumière, chacun l'a en mémoire à sa naissance.

La mémoire est la bibliothèque du cerveau, mais qui prend la peine de la consulter ? Souvent, nous y entassons en vrac le souvenir des événements bons ou mauvais qui nous sont arrivés, sans savoir ce qui s'y trouve déjà, sans même classer... 11 ne suffit pas d'avoir une bonne mémoire. Si nous y mettons n'importe quoi, n'importe comment, le jour où nous aurons besoin de réfléchir sur nous-mêmes, sur ce qui nous est arrivé, sur notre couple, nos relations avec nos enfants, notre famille, nos proches, il faudra d'abord faire le ménage.

Que va-t-on jeter ? Elle est si encombrée de souvenirs inutiles, nuisibles ou insignifiants, que l'on ne sait pas par où commencer !

C'est chaque jour qu'il faut faire le tri, systématiquement et sincèrement, au plus profond de nous-mêmes, car c'est là, dans la mémoire profonde, où sont enfouis les événements qui nous ont meurtris et les paroles qui nous ont blessés, que l'on découvre la lumière.

Si votre esprit est encombré de souvenirs obscurs dont vous ne vous rappelez plus vraiment mais qui vous empêchent de vivre pleinement, dans la transparence, la conviction, la vérité et la sagesse, et que vous prenez la résolution ferme et définitive d'en débarrasser votre mémoire, réjouissez-vous, car vous allez accéder à la pleine clarté !

Vous en ressentirez une joie si grande, un tel bonheur, que votre vie en sera changée à jamais, et que nul ne pourra plus jamais vous faire du mal.

Vous serez payé au centuple de toutes les épreuves que vous avez subies, tandis que ceux qui n'ont pas vécu dans les ténèbres ne pourront jamais apprécier la lumière !

Comment faut-il procéder ? Par la raison. Cela ne signifie pas que nous devons rejeter l'émotion ! Sans amour, il n'y a pas de vie ; sans amitié, elle ne vaut pas d'être vécue.

Nous devons nous tenir entre la raison, qui satisfait notre esprit, et l'émotion, qui contente notre corps.

Raisonnons donc un peu sur la nature de l'émotion.

Dans un groupe, à l'école, au travail, une association ou même en famille, nous avons toujours un ami ou une sœur ou un frère qui nous est plus cher que les autres. Pourquoi ? C'est une question de longueur d'ondes.

La même personne qui provoque un sentiment de répugnance chez l'un allume la passion chez l'autre ; pour lui, c'est un monde merveilleux, il lui trouve toutes les qualités, alors que d'autres ne lui voient que des défauts. Et si l'on essaie de raisonner quelqu'un qui est amoureux, il répond :

« Je connais ses défauts aussi bien que ses qualités, mais ça m'est égal... Je l'aime ! Je l'ai dans la peau ! Je suis fait pour elle - ou pour lui ! ».

D'ailleurs, dans un couple uni, il y a presque une ressemblance physique.

Inversement, lorsqu'on renie quelqu'un, même si cette personne a bien de qualités, que l'on reconnaît, on lui trouve tous les défauts. Pourtant on aurait donné sa vie pour elle ! Et l'on se demande alors pourquoi on aurait fait cette folie...

C'est injuste ? Non. Il ne faut pas chercher la justice ou l'injustice dans tout cela.

C'est une question d'accord profonde, au sens où l'on accorde un instrument pour que le son qu'il émet corresponde à la note la du diapason, ou que l'on règle un récepteur radio sur sa station préférée afin qu'ils soient sur la même longueur d'ondes.

C'est pourquoi l'on dit que deux personnes « ne sont pas d'accord ». Le désaccord précède la désunion. Mais comme se fait-il que deux personnes qui, dit-on, « semblaient si bien s'accorder », se séparent ? « Ils ne s'entendent plus », répond quelqu'un. Car en fait, leur entente reposait sur un malentendu.

Lorsqu'un couple se défait c'est parce qu'il s'est formé sur des apparences, sur l'aspect extérieur des individus, et non sur leur intériorité. Et c'est ainsi que lorsqu'on découvre la vrai personnalité de son partenaire, on s'aperçoit qu'elle ne concorde pas avec la sienne. Cela peut se produire après plusieurs années, voire des dizaines d'années de vie commune !

On sait que bien des gens réputés bons deviennent soudain méchants. Faut-il s'en étonner ? Non. Le mauvais et le bon sont en nous, nous avons tous de bonnes et de mauvaises pensées. Chacun étant le reflet de l'autre, celui ou celle qui l'aperçoit chez l'autre s'en effraie. Comme il ne voit pas le mauvais en lui, parce qu'il ne veut pas l'admettre, il fait des reproches à l'autre au lieu de lui pardonner ce qu'il se pardonne à lui-même. Par manque de sincérité et d'amour on finit par être uniquement mauvais et l'on se fait du mal à soi-même en faisant du mal à l'autre.

L'enfer existe : il est en nous, dans notre esprit. L'enfer est sur terre, alimenté par nous, par nos pensées et nos actes. On récolte ce qu'on a semé. Puisqu'on a semé la haine et l'ignorance, ne nous étonnons pas de la récolter.

Concrètement, qu'est-ce que cela veut dire ?

La société nous oblige à donner de nous une image « avantageuse », conforme aux normes admises par tous, une image fabriquée. C'est l'un des aspects de notre personnalité, et elle peut masquer les autres pendant très longtemps.

Pour compenser cette frustration, nous menons plusieurs vies en parallèle, doubles, triples... quelquefois ces vies sont réelles, nous avons une vie de famille et un ou plusieurs amants ou maîtresses, avec qui nous pouvons être totalement différents de ce que nous sommes en famille, mais le plus souvent ces autres vies se passent dans nos têtes.

Et puis un jour on a envie de vivre, non pas sa vie, mais ses vies, d'être soi-même, multiple et contradictoire. On ne peut se contraindre indéfiniment ! Nul ne peut vivre uniquement en rêves, ce n'est que l'une de nos formes de vie.

C'est pourquoi, en cas de rupture nette, totale, ne cherchez pas à « recoller les pots cassés ». C'est une perte de temps. Vous n'êtes pas en cause, ce n'est pas votre faute ! La personne qui vous quitte veut vivre une autre de ses vies.

Ne vous « accrochez » pas, si elle revenait vous ne reconnaîtriez pas celui ou celle que vous avez connus, et vous seriez déçu ! Vous ne seriez plus sur la même longueur d'ondes, il serait impossible de vous entendre à nouveau, vous ne pourriez plus vous comprendre.

Et surtout n'ayez pas un sentiment d'échec ! Je le répète, la personne qui vous quitte n'est plus celle que vous avez connue. Elle a changé de personnalité.

Seulement voilà, le dire est une chose, le vivre en est une autre ! Pour se tenir entre la raison et l'émotion, il faut être fort intérieurement.

Malheureusement, si tous les journaux donnent des conseils pour entretenir son corps, afin de le garder « en forme » et bonne santé, aucun ou presque ne conseille de fortifier son esprit pour faire face aux situations douloureuses. Le plus souvent, quand quelqu'un a ce genre de « problème », on lui conseille de consulter un psychologue, et parfois, de se résoudre à commencer une psychanalyse, très longue et coûteuse.

Pourtant il est une solution plus simple, beaucoup plus rapide et bien plus efficace, car elle disperse le mal, passé et présent, comme la fumée s'envole au vent : c'est l'approche spirituelle.

De nos jours, il y a de plus en plus d'adorateurs du veau d'or, c'est-à-dire de gens intéressés par l'argent. Dans ce monde matérialiste, l'important est de paraître ; paraître riche, paraître heureux, paraître « réussir ». La réalité ne compte pas. Ce qui importe, c'est « donner une image de soi » conventionnelle, conforme à « son rang social ». Aussi une grande partie de ceux qui fréquentent les lieux de culte le font par crainte ou par conformisme, parce qu'ils doivent y être vus en raison de leur rang ou de leur fonction. On ne peut plus les distinguer de ceux qui ont la Foi. C'est déplorable...

La plupart de gens ne s'adressent à Dieu que pour lui demander un miracle en leur faveur. Nous sommes tellement habitués à vivre dans un monde où l'argent règne, où seul compte la réussite matérielle, où la vie est si dure pour les pauvres et si facile pour les riches que nous sommes tentés de tout obtenir sans effort en jouant au loto ou en priant Dieu, selon que nous sommes croyants ou non !

Ceux qui peuvent demander à Dieu sont ceux qui sont à l'hôpital, ceux qui ne peuvent plus bouger, les amputés... Aux autres, Il répond :

« Pourquoi demandes-tu, puisque ce que tu demandes, tu l'as déjà ? Je t'ai donné l'intelligence. Je t'ai donné le courage. Je t'ai offert tous les trésors de mes bienfaits et parce que tu es incapable de t'en servir, tu me mets en cause ! »

En vérité, Dieu est en nous, sa Lumière est en nous, sa Sagesse est en nous.

Que peut-on Lui demander de plus ?

Pourtant, si l'on tombe, on demande « pourquoi moi, mon Dieu ? ». Il vaudrait bien mieux dire « pourquoi diable ? ». Si je suis tombé, c'est parce que j'ai fait une faute d'inattention ! Lorsqu'un enfant casse quelque chose, il ne dit jamais de lui-même « c'est moi qui l'ai cassé », et lorsqu'il est obligé de reconnaître que c'est lui, il ajoute «je ne l'ai pas fait exprès ! ». Quand nous, adultes, avons la même réaction, nous nous conduisons en enfants.

Prier Dieu qu'Il « répare les pots cassés », quand on a passé l'âge de le demander à ses parents, c'est se comporter en irresponsable.

En quoi consiste la véritable prière ?

Elle s'adresse à Dieu pour lui demander de trouver ou de retrouver la foi. La foi authentique, la foi pure, loin de toute préoccupation matérielle, de tout souci personnel, à seule fin de vivre dans la lumière et la sagesse.

« La foi est une force qui déplace les montagnes », dit-on. C'est vrai. La foi, c'est la force intérieure qui est en nous, mais que le doute étouffe, parce qu'il provoque un combat épuisant et stérile entre notre énergie vitale et toutes les pulsions mauvaises que nous ne contrôlons pas, car elles sont avivées et renforcées par des agressions de toutes sortes ; tant de gens essaient inconsciemment ou consciemment de tout détruire, autour d'eux !

Le mal est tellement faible parmi les plus faibles, qu'il cherche encore plus faible que lui, celui ou celle que doute affaiblit. C'est lui qu'il faut combattre, sinon nous nous enfonçons dans un trou noir, car à ces atteintes à notre personne, que nous ressentons douloureusement, s'ajoutent celles que nous nous infligeons à nous-mêmes, dont nous ne nous apercevons pas parce qu'elles viennent de notre subconscient, et cette autopunition pour des fautes imaginaires peut devenir de l'autodestruction !

En apportant la paix du cœur et de l'esprit, la foi fait disparaître cette mauvaise énergie que, sans le savoir, nous employons contre nous-mêmes. Il ne reste alors la bonne énergie qui est en nous, dès notre naissance, et celle-là est réellement capable de déplacer des montagnes, et bien davantage !

Je sais que ce que je vais dire va irriter des gens, et pourtant je dis ceci en mon âme et conscience : chacun est libre de pratiquer le culte de son choix selon sa conscience, j'affirme simplement qu'aucune religion ne peut remplacer une vérité : la foi.

Mais là encore, attention : il ne s'agit pas de se « payer de mots ». Chacun a sa conscience, chacun a son comportement et chacun a sa vérité, mais ce qu'un mot ! La vérité ne peut exister sans l'être humain, qui est là pour vivre dans la vérité, et cette vérité est unique, c'est Dieu. La foi ne peut exister sans cette conviction, comme l'amour ne peut exister sans la conviction partagée que l'on s'aime sincèrement, profondément, sinon il est amer, froid, comme la Mort peut être amère et froide...

Les mots « amour » et « amitié » sont si profonds que l'on ne peut les expliquer, il faut les vivre en vérité. En les vivant avec simplicité, on les découvre, et quelle merveille !

De même l'élan vers Dieu ne s'explique pas, il se vit aussi simplement, sincèrement, profondément. Si l'on n'est pas sincère, si l'on n'a pas la foi, la pratique religieuse ne signifie rien. On ne doit pas être pratiquant par crainte du châtiment !

Je n'ai pas peur de Dieu, parce que je n'ai rien à me reprocher. Si des gens en ont peur, c'est parce qu'ils ont la conscience chargée. Celui qui fait le bien autour de lui n'a pas le cœur serré, mais dilaté d'amour pour Dieu.

On peut obtenir des résultats quasi immédiats uniquement par des prières, quand elles sont faites avec foi. Les dons de Dieu sont inestimables, celui qui veut se purifier retrouve Dieu en lui.

Les miracles existent tous les jours... à condition d'avoir la foi !

Comme toujours, je ne vous demande pas de me croire, mais de constater. N'essayez pas, faites-le ! Ce cheminement est souvent progressif, ponctué d'étapes plus ou moins longues, mais il arrive que la foi survienne instantanément.

L'important est de ne pas laisser le doute l'emporter, et de ne pas vouloir tout, tout de suite ! Allez au bout, et vous verrez par vous-même, vous serez surpris, d'abord, puis émerveillé, puis subjugué, et votre foi deviendra amour, un amour pour Dieu qui s'étendra à tous les hommes et à la création.

Si votre foi est sincère et profonde, elle vous mènera à cet amour ineffable.

Vous constaterez alors que les miracles existent bel et bien, mais qu'ils ne sont pas ce que l'on croit. Et cela s'explique fort bien.

Quand nous sommes déçus en amour ou en amitié ou lorsque nous ne réussissons pas comme nous le voudrions à l'école ou dans notre profession, nous ne pouvons, sous le coup de l'émotion, nous empêcher de ressentir une sensation d'échec. Or, même quand notre raison nous rappelle, comme nous le savons tous, que cela arrive à tout le monde, un jour ou l'autre, puisque nul n'est infaillible, si le doute est en nous, cela le renforce, et il nous fait croire que nous ne sommes pas capables de réussir. Pour peu que l'on manque coup sur coup de réussite ou que ces déceptions s'enchaînent, on pense que l'on est condamné à échouer, et l'on finit par en être persuadé...

C'est un handicap permanent, invisible mais beaucoup plus gênant qu'un handicap physique, puisque l'esprit est tout, le corps n'est que son véhicule !

Mais comme je le répète à tous ceux qui me consultent, la pensée n'est qu'une présomption, tandis que l'acte est un miracle.

Le monde est un miracle permanent, fait d'une suite de miracles, car dans le monde, tout agit sans cesse !

Dès le moment où la foi est en vous, toutes vos pensées négatives disparaissent aussi vite qu'un cauchemar au réveil. Et en effet, il s'agit d'un éveil, l'éveil à la vraie vie, la vie réelle, la vie de la nature, la vie active !

Dans la vie, il y a le visible, l'invisible et l'imprévisible. Le visible, vous le maîtriserez ; l'invisible, vous le verrez. Et la part d'imprévisible est très faible si l'on a la foi. Je le répète, car il faut insister sur ce point, chacun a une mission à remplir dans sa vie.

Il ne faut pas se demander « où, quand et comment », la réponse ne viendra pas. On peut dire « je suppose », puis « je pense », et enfin « je suis presque sûr » qu'il s'agit de cela... L'important est de pouvoir dire « ce que je fais, c'est et ce sera toujours l'essentiel ». Si chacun agit ainsi, selon ses possibilités, alors il aura rempli sa mission.

Agissez sans complexe, entre la raison qui vous guide et l'émotion qui est le sel de la vie. Comme par miracle, mais s'en est un, et un vrai, vos problèmes personnels, affectifs, financiers, matériels, trouveront une solution.

Vous constaterez avec étonnement que si votre santé vous donnait des inquiétudes, vous n'en aurez plus, car bien des troubles disparaîtront sans laisser de traces.

L'idéal, dit-on, c'est un esprit sain dans un corps sain. L'un ne va pas sans l'autre, et c'est idéal à portée de tous, car si l'esprit devient sain, le corps le devient aussi !

L'avenir est ouvert à chacun d'entre nous. Encore faut-il y mettre de la bonne volonté ! Si quelqu'un cherche un emploi et qu'il ne sort pas de chez lui, n'écrit pas ou ne téléphone pas, s'il ne fait savoir à personne qu'il cherche du travail, un employeur ne viendra pas sonner à sa porte... Aide-toi, le Ciel t'aidera !

Dieu est Bonté et Amour. Avec l'aide de Dieu, la bonté et l'amour sont en nous. L'église est en nous. Pour prier, si je dois sauver une âme, je prie en moi ; ma religion est en moi ! On peut prier n'importe où, même chez soi, dans un endroit simplement propre, par respect, il n'est pas nécessaire d'aller dans un lieu spécial. Le Temple est en nous !

On trouve toujours un bon prétexte pour ne pas se laver moralement, mais en vérité, on peut toujours !

Les musulmans doivent se laver avant la prière. Quand ils se trouvent en plein désert, là où il n'y a pas d'eau, comment font-ils ? Ils peuvent se laver avec du sable ou une pierre.

Les rites sont des symboles, il ne sert à rien de les suivre à la lettre, scrupuleusement, si l'on n'en respecte pas l'esprit, c'est-à-dire si l'on n'est pas sincère. Ce qui compte, c'est la foi.

Qui a la foi n'est pas aveuglé par la lumière et peut apprendre, comprendre, et vivre.

La Présence

La réussite de notre mission sur terre, qui consiste à « réussir notre vie », dépend aussi du conditionnement subi dans l'enfance et surtout de l'amour donné à ce moment crucial.

Un fil conducteur nous relie à notre héritage spirituel, qui ne vient pas toujours du père et de la mère ; nous pouvons hériter de notre grand-mère, de notre oncle, de notre frère.

 J'ai traité plusieurs cas de ce type, dont l'un, caractéristique, d'un garçon très jaloux de son frère. Quand il est mort, il s'est imprégné en lui, et son frère l'aimait tellement qu'il s'est laissé envahir. Le charnel avait disparu, mais l'esprit était en lui...

Ce fil conducteur est d'une extrême importance, car c'est grâce à lui que nous ne sommes pas des étrangers perdus dans un monde incompréhensible.

On naît pour accomplir un cycle ; on vient en enfant et l'on part en enfant.

On critique souvent les vieillards, on dit vulgairement qu'ils deviennent « gâteux » ... Non ! Ils ont terminé leur cycle, en bien ou en mal.

C'est pourquoi le plus important est le fil conducteur qui nous relie à nos parents. Sans lui notre esprit serait égaré, désorienté, sans racines ni références.

Or, lorsque l'enfant est désiré, la mère lui donne le meilleur d'elle-même, mais s'il est venu par accident, le fil conducteur est mauvais, il n'est pas net, clair, blanc, transparent. L'enfant est déjà en danger parce qu'il n'est pas désiré...

Certes il y a de la beauté dans l'obscurité, et celui qui n'a pas su vivre dans les ténèbres n'apprécie pas la lumière. Mais l'enfant a besoin de tant de lumière ! S'il n'est pas vraiment désiré, il se retrouve seul. Il ne peut se recharger. Dans quel état atteindra-t-il l'âge adulte ? Comme une voiture après un mauvais rodage, il n'atteindra jamais sa pleine puissance.

L'amour est la meilleure maman qui puisse exister...

Le manque d'amour est grave, mais d'autres erreurs, faites de bonne foi, peuvent l'être aussi. Souvent une mère veut se racheter sur ses petits-enfants des erreurs qu'elle a commise avec ses enfants. Mais elle oublie qu'elle est déphasée dans le temps : entre sa propre enfance et celle de ses petits-enfants, il s'est écoulé un demi-siècle ! Le monde a changé, les mentalités et le mode d'éducation doivent aussi changer...

Ceci ne constitue qu'un exemple parmi bien d'autres. Il ne faut pas surprotéger les enfants.

Ils doivent aborder la vie, l'affronter, aborder ses difficultés très tôt. Si un enfant tombe une fois, il fera attention à ne plus tomber ! Une chute n'est qu'un avertissement, il faut en tirer les leçons...

Un enfant n'est pas naturellement angoissé, ce sont les parents qui lui transmettent leurs angoisses. On doit laisser faire la nature, le laisser développer son instinct de survie. Il ne faut pas mettre la vie taboue, le tabou est la négation de la vie. Il n'y a pas de tabous ! La nature est mâle et femelle. Elle est ainsi faite, il faut l'accepter telle qu'elle est.

Nous sommes aussi imprégnés par notre lieu de naissance, par l'éducation des parents, de l'école, du milieu social, etc. Plus tard, tout cela est « oublié », c'est-à-dire enfoui dans le subconscient. Mais au cours de notre vie, notre passé revient parfois en « flashes » très courts et très rapides qui font irruption dans notre conscient et disparaissent aussitôt.

Il n'est pas rare d'entendre quelqu'un affirmer « je suis sûr d'avoir déjà rencontré cette personne », alors qu'il est absolument impossible que cette rencontre ait eu lieu. Parfois, aussi, on a l'impression étrange d'avoir déjà vécu telle ou telle situation, pourtant entièrement nouvelle...

Ce qui est impossible dans notre vie consciente s'est produit dans notre inconscient !

Pourquoi devient-on amis intimes ? Parce que l'on retrouve celui ou celle que l'on recherche inconsciemment. « On a l'impression de se connaître depuis toujours », dit-on parfois d'amis rencontrés depuis peu. Pour le subconscient, ce n'est pas une impression, c'est une certitude !

Il en est de même du sentiment amoureux. On est attiré par quelqu'un, on s'entend merveilleusement bien ensemble parce qu'on a de nombreux points communs inconscients, alors qu'on n'en a aucun avec une personne qui tente de nous séduire.

Aimer c'est comprendre, et comprendre c'est aimer, ce qui permet de voir avec l'esprit ce qu'on ne voit pas avec les yeux. Or les qualités personnelles, l'intériorité, la profondeur, la richesse humaine sont invisibles.

Généralement, l'être humain se regarde dans une glace, où c'est son corps, et non son esprit, qui se réfléchit ; alors il se fascine lui-même ! Il prend soin de son aspect extérieur, et lorsqu'il rencontre quelqu'un, il ne se fie qu'aux apparences.

Dès lors tous les malentendus sont possibles, car l'on s'attache aux mots, sans chercher à comprendre le sens caché des paroles, souvent maladroites, que l'on échange avec l'être aimé. Et lorsqu'on répond impulsivement, par une réaction d'orgueil, on se condamne soi-même.

On se condamne à recommencer, car cette attitude provoque toujours une rupture, souvent provisoire, parfois définitive, qui oblige à recommencer, que ce soit avec la même personne ou avec une autre. C'est l'éternel recommencement, à l'infini... Alors les gens se contentent de vivre, ou plutôt de survivre au jour le jour ; chaque journée est un cycle « éternel et toujours recommencé », comme disait le poète, sans espoir, sans joie intérieure, cette « joie de vivre » qui rend la vie de chaque jour si douce...

Laver la vaisselle n'est pas un plaisir, mais cet humble geste, tout simple, devient un geste envers les autres si on le fait par amour. C'est un cadeau, un don à la communauté familiale. Il devient un geste magnifique !

Cela est vrai pour tout et pour tous, sans exception. Ceux qui exercent un métier difficile ne sont pas nés avec ce métier en eux ! Celui qui veut être aviateur, s'il échoue, peut choisir un autre métier dans l'aviation pour vivre sa passion des avions. Ceux qui renoncent se condamnent. Ils arrêtent le temps et la vie, et après ils se demandent pourquoi ils sont malheureux ! Pourquoi ? Mais parce qu'ils se sont condamnés eux-mêmes ! Il faut oser. Oser c'est vouloir, vouloir c'est pouvoir.

Pourquoi les vrais artistes sont-ils tellement rares ? Pour la même raison que lorsque des restaurants sont voisins, parfois l'un est complet chaque jour et les autres, vides, parce que c'est le seul où le cuisinier fait son métier avec amour.

Les autres se condamnent eux-mêmes à l'échec.

Celui qui veut être artiste sait que c'est difficile. Il doit être patient, attendre l'inspiration, le moment où la lumière apparaît. Or la plupart des apprentis artistes sont impatients, ils se torturent pour « gagner du temps », ils s'acharnent, ne pensent plus qu'à ça. Ils en oublient de vivre ! Ils se sont condamnés... En vain !

Il faut toucher à beaucoup de choses pour arriver à LA chose, et comme je le répète sans cesse, être patient : chaque chose en son temps. Mais les gens veulent uniquement cette chose, tout de suite ! C'est un caprice. Ils ont été mal aiguillés.

En hiver un cerisier est sec. Il bourgeonne au printemps, donne ses fruits en été et perd ses feuilles en automne. Chaque chose en son temps... Nous aussi, nous devons attendre le temps, et savoir que nous récolterons si nous avons semé ! Mais nous ne voulons pas reconnaître cette loi. Nous sommes impatients. Nous voulons tout et tout de suite, alors nous sommes déçus, et nous cherchons un bouc émissaire... Une fois de plus, nous nous conduisons en enfant capricieux.

Nous sommes tellement faibles par la chair, le côté matériel, que nous nous pardonnons tout à nous-mêmes... et nous pardonnons rien aux autres !

Dieu nous a fait à son image, personne n'est condamné dès sa naissance ! Un coupable n'est pas coupable avant de commettre un crime ou un délit... Tout le monde est bon, tout le monde est intellectuel, tout le monde peut devenir un assassin, le blanc et le noir sont en nous tous ! Si les conditions de vie, pendant l'enfance, créent un manque de maîtrise de soi, tout peut arriver.

Lorsqu'on est choqué par un malheur, on se demande « pourquoi cela m'arrive-t-il, à moi ? ». Il faut chercher des éléments de réponse dans ce choc. La réponse est dans la question !

Cinq minutes de sommeil hypnotique valent trois mois de sommeil normal.

Ce qui est long, c'est la souffrance. Lorsque les gens tombent en enfer, car l'enfer est sur terre, ce sont les hommes qui le créent, ils se demandent pourquoi eux ? Mais parce qu'ils ont tout reçu et n'ont jamais su ou jamais voulu s'en servir ! Parce qu'ils ont perdu l'essentiel, l'innocence, la propreté, l'enfance. Dieu regarde notre planète verte, le paradis qu'il nous a fait. Pendant ce temps nous nous disputons, et à force de disputes, nous ne voyons plus le paradis.

Prenons du recul, regardons une photo prise par un satellite de notre vieille Terre, notre sainte Terre : c'est bien un paradis !

Il y a un temps pour tout, dit-on. Encore faut-il respecter ces temps, c'est-à-dire les cycles de vie.

Les étoiles, les galaxies les plus lointaines forment un tout, mais la lune et le soleil, plus proches de nous, jouent un rôle plus important.

La terre est au soleil comme une balle de ping-pong sur un jet d'eau. Le soleil émet avec une grande intensité des rayons positifs toute la journée, tandis que la lune absorbe ou émet des rayons négatifs.

Le positif et le négatif s'équilibrent ainsi et influent sur le magnétisme de la terre selon le cycle lunaire : lorsque la lune est « ouverte », on l'appelle « lune blanche », elle absorbe le négatif, mais lorsqu'elle est « fermée », cette « lune noire » émet ses propres rayons négatifs, comme une plante absorbe la lumière et émet du gaz carbonique le jour et de l'oxygène la nuit.

L'homme est obligé de subir la lune noire, il ne peut plus régénérer, il est déphasé. C'est pourquoi les paysans respectaient le calendrier lunaire car la pleine lune joue un rôle très important sur le métabolisme du vivant, qu'il s'agisse des hommes, des animaux ou des plantes.

Or on ne respecte plus les cycles lunaires, car la technique moderne permet de « gagner du temps », donc de l'argent ! Dans l'immédiat, c'est vrai, mais

dans quelques dizaines d'années, que se passera-t-il ?
La terre, épuisée et polluée, ne produira plus.

Le soleil est le père, la lune la mère, tandis que la
terre n'est que nourricière de la vie...

Ces trois éléments permanents sont comparables aux
trois religions du Livre, juive, chrétienne, musulmane
: si l'on ôte l'un de ces trois éléments, le déséquilibre
s'installe...

L'homme est ainsi fait : il ne peut pas créer, il ne
peut que modifier, et il a modifié de manière à nuire
à la nature ! De sorte qu'il a abrégé son temps, le
temps de l'humanité, l'avenir des générations futures,
pour sa satisfaction personnelle, immédiate. Alors s'il
trouve des mystères supérieurs, il voudra dominer et
détruire, comme actuellement il détruit la nature.

Aujourd'hui, la science nous dit que les univers
naissent les uns des autres à l'infini. Depuis des
milliers d'années, la Tradition affirme que le Monde
a existé plusieurs fois. Cela signifie la même chose,
mais la Tradition l'a révélé bien avant la science ! Et
elle ajoute qu'on ne divulguera jamais le mystère
de l'infini, qui est recommencement éternel. Or,
depuis peu, les mathématiciens disent que l'univers est
incalculable ; c'est le même discours, avec des mots
différents.

La Tradition enseigne depuis toujours que l'avoir n'est
qu'un moyen, non une fin, seule la recherche de

l'Être nous rapproche de Dieu, de son image. On a encore cherché ailleurs ce qui était propagé !

Nous avons perdu la foi en l'Être Suprême, donc en l'être humain, son image. Sans cette foi, l'être humain devient un simple mortel. Il s'abaisse lui-même, il devient animal avec une intelligence qu'il n'utilise pas. Il rejette le don de Dieu. Le châtiment, c'est devenir un mortel.

Pourtant Dieu nous a tout donné avec précision, une précision telle que l'instrument le plus sophistiqué ne peut la mesurer, et l'homme est capable, uniquement par la réflexion et la maîtrise, de voir la Lumière.

Mais cette Lumière est tellement proche que lorsqu'on ouvre les yeux ont est aveuglé ! On est aveuglé parce qu'on regarde avec les yeux...

Celui qui regarde avec l'esprit constate que l'obscurité n'est pas si noire que cela. Et lorsqu'il arrive au jour, c'est un seigneur ! Il ne peut pas vivre comme les autres... Car cette Lumière, c'est la Présence.

Sa Présence.

La Présence de Dieu en nous.

« Présence » est un mot-clé, et comme les autres clés, la transparence, la conviction, la vérité, la sagesse et la lumière, la Présence divine ne peut être pleinement réalisée que lorsque nous la vivons réellement.

De ce moment date la renaissance de l'esprit, car nous renaissons quand nous connaissons la vérité, et la vérité, c'est que Dieu est présent en nous, en chacun de nous !

Et Dieu ne demande qu'une chose aux humains, c'est de vivre heureux dans le paradis terrestre qu'Il leur a fait.

Si nous vivons en permanence dans Sa Présence, alors tout s'éclaire, l'esprit devient fort, car Sa Force, la Force divine est en nous, inépuisable, sans cesse renouvelée.

L'abondance est le signe de la Présence divine, car Dieu donne toujours à profusion. Le manque vient du doute, car douter, c'est se priver soi-même de ressources spirituelles, or chez l'être humain, tout passe par l'esprit !

L'esprit peut tout, il suffit de vouloir, et de faire appel à cette Présence, toujours attentive et infiniment généreuse. « Demandez, et vous recevrez », dit la Parole Sacrée. C'est aussi simple que cela !

Si l'on demande, alors, comme par miracle, les problèmes disparaissent, parfois instantanément, quelquefois très rapidement, le plus souvent en moins de 90 jours.

Mais les gens n'osent pas demander ! Pourtant la vie n'est qu'une suite interrompue de miracles, mais ceux qui sont aveuglés par le doute ne les voient pas. Dès que le doute disparaît, le miracle apparaît !

Depuis l'origine de l'humanité, des hommes plus doués que d'autres ont pris conscience des pouvoirs cachés de l'esprit. Mais l'homme qui les découvre réagit souvent comme celui qui prend le pouvoir temporel, il casse, détruit, devient fou.

Les responsables religieux ont réagi en condamnant ces pouvoirs « occultes » ; ils les ont proclamés « maudits », « diaboliques », et ceux qui les exerçaient furent menacés de l'enfer...

L'enfer étant sur terre, puisque ce sont les hommes qui le créé, on brûlait ces « sorciers » et surtout les « sorcières » sur un bûcher « purificateur » ...

De nos jours, chacun est libre de se proclamer « maître spirituel », et comme ils ne risquent rien, les imposteurs prolifèrent. En fait, on est tombé dans l'excès contraire ; sous prétexte de garantir la liberté de conscience, il est très difficile de les poursuivre. C'est une grave erreur ; il faut faire la chasse aux charlatans !

On ne peut pas les laisser promettre, par exemple, de « faire gagner au loto », même si parfois quelqu'un affirme de bonne foi qu'il a gagné grâce à cela. Il est évident que si l'on donne au hasard un million de combinaisons différentes à un million de personnes, il y a de très grandes chances pour que l'une d'elles mise sur un numéro gagnant !

On doit lutter contre ces escroqueries, les soi-disant « porte-bonheur » fabriqués par millions dans des usines en Corée ou à Taiwan, achetés dix francs et revendus mille francs.

C'est un scandale intolérable, parce que les victimes sont toujours des gens sans moyens qui mettent leur dernier espoir et souvent leurs dernières ressources dans ces grossières supercheries.

C'est pourquoi j'ai toujours attaqué les sectes, et surtout leurs « gourous », qui prétendent qu'en dehors d'eux, il n'est ni vérité ni salut... Depuis trente ans, je les combats partout Où j'en trouve !

Les véritables initiés ne prétendent pas détenir la vérité, au contraire, ils cherchent à avancer vers la Lumière en sachant qu'ils sont dans le noir, les ténèbres.

Les autres êtres humains sont aussi dans les ténèbres, mais ils ne cherchent pas à savoir pourquoi ils sont dans les ténèbres... S'ils cherchaient, ils trouveraient, ils sauraient qu'il existe forcément une Lumière, et qu'elle est présente en eux, qu'elle est la Présence divine en eux.

C'est pourquoi ceux qui arrivent à la Lumière, ceux qui vivent avec la Présence en eux doivent aider leurs frères et sœurs en humanité qui se débattent dans les ténèbres, et sont la proie du doute et du mal qui en découle.

Pourtant rien n'est plus simple que la recherche de la Présence. Elle est en nous, elle est visible dans les lois de la nature. Elle est à la portée de tous, car nous avons le même cerveau... Mais les gens sont masochistes ! Lorsque tout est facile on se lasse, quand c'est difficile on s'acharne.

Des personnes trop aimables ou facilement accessibles provoquent peu d'intérêt, au contraire on cherche à séduire les indifférents, ceux qui fuient notre compagnie ! Cette attitude crée une inquiétude, voire une angoisse comparable à celle de ces fumeurs qui habituellement fument assez peu, mais qui, s'ils n'ont plus de cigarettes, en cherchent fébrilement partout. Lorsqu'ils en ont un paquet sur eux ils se sentent en sécurité, lorsqu'ils n'en ont plus, ils sont en état de « manque » ...

La souffrance psychologique est toujours la même, elle provient d'un sentiment de frustration ! « Suis ton ombre, elle te fuit, fuis ton ombre, elle te suit », dit le proverbe.

La faiblesse de l'homme, au sens de masculin, c'est qu'il est conscient de son corps et rarement de son esprit. Au contraire, la femme - la femme par excellence - vient au monde perturbée par trois intelligences.

De 12 à 18 ans elle recherche celle du corps, c'est l'âge ingrat. Son corps exploré, elle retrouve celle de l'esprit, sa deuxième arme, et connaît sa première arme, donnée par Dieu : son corps. Vient ensuite l'intelligence de la fécondité, sa troisième arme.

L'homme et la femme sont complémentaires. L'homme est l'ombre de la femme comme la femme est l'ombre de l'homme... Mais les gens courent après leur ombre ! Ils n'ont pas compris qu'elle leurs appartient, qu'elle leurs est attachée, qu'elle ne les quittera pas, mais qu'ils ne pourront jamais la rattraper ! Ils l'oublient, et ne se rejoignent plus.

Combien d'hommes et de femmes vivent dans la solitude ? Et dans combien de familles aux parents séparés les enfants sont déchirés entre le père et la mère, qui se disputent devant un juge leur garde, les week-ends, les vacances ?

Dieu nous a tout donné en abondance, et nous réagissons en enfants gâtés. Nous n'accordons de la valeur qu'à ce qui est pénible à acquérir, nous méprisons ce qui nous est offert à profusion, gratuitement !

La vie est si simple... Trop simple ! Nous la compliquons à plaisir. Une fois de plus nous nous condamnons nous-mêmes !

Ce qui complique tout, c'est de s'en tenir à ce qu'on voit, aux apparences. Cela passe même pour de la sagesse !

Pourtant, entre une orange et une balle de tennis, par exemple, il n'y a, apparemment, qu'une différence de couleur et de poids, mais celui qui essaie de manger une balle de tennis passe pour un fou, non pour un sage ! Alors pourquoi s'en tenir aux apparences en ce qui concerne la vie, la pensée, l'homme, puisqu'on ne le fait pas pour les choses ?

La science, elle, se préoccupe de savoir. Or tout homme vit, a des soucis, des ennuis, des joies... La science ne fait pas partie de la vie quotidienne, elle ne répond pas aux questions que l'homme moyen se pose tous les jours !

Ce qui lui importe, c'est ce qu'il fera demain, ce qui va lui arriver dans un mois, dans un an...

C'est à cela que répond - entre autres - la Présence. Et puis la science n'est pas accessible à tout le monde, tandis que la Présence divine est donnée à tous, elle est en chacun de nous. « Science sans conscience n'est que ruine de l'âme », disait Rabelais... Aucun moyen scientifique ne peut remplacer la prémonition !

On sait combien il est difficile de prévoir le temps à plus de deux jours, voire pour le lendemain... Les erreurs sont fréquentes, et cependant les météorologistes ont une grande expérience et disposent d'ordinateurs très puissants.

Mais les ordinateurs ne sont que des machines à calculer des données fournies par l'homme, or le nombre de données est immense et la plupart sont inconnues. En ce qui concerne l'histoire, le nombre de données est infini. Il n'est donc pas question de calculer des probabilités.

Tous les océans n'en font qu'un... Mais la plupart des gens ne regardent que la surface, jamais la profondeur. Le sage est celui qui s'efforce de voir la profondeur, le fond commun à tous, et cela lui permet de « prédire » ce qu'il « prévoit » en observant cette profondeur.

Bien sûr, pour arriver à ce stade il faut beaucoup d'amour, beaucoup de lumière, beaucoup de sagesse... On ne peut propager sans cela !

Hélas, s'il est parfois possible de dévier la marche des événements, le plus souvent, nous sommes impuissants face aux catastrophes qui vont se produire, soit parce que nous ne pouvons prévenir les gens, soit parce qu'ils ne nous croiront pas.

Alors, à quoi sert de prédire ?

Y a-t-il un danger à prédire l'avenir ?

« Un homme averti en vaut deux », dit le proverbe... Non pas deux, s'il est sensé, mais dix ! S'il en tient compte, tant mieux pour lui, il s'évitera bien des déboires et des malheurs, s'il ignore mes avertissements je ne peux aller contre sa volonté...

L'unique obstacle entre la raison et l'émotion, c'est la passion, ce qu'il y à l'intérieur de l'homme et qu'il ne maîtrise pas... Parce qu'il ne cherche pas à le maîtriser !

Mais il arrive aussi que l'on ne puisse pas surmonter le doute, qui peut être dû à des causes très différentes.

Lorsque des personnes souffrent d'un blocage psychologique, qui peut dégénérer en maladie psychosomatique. Il faut les traiter par une régression du temps, afin qu'elles puissent se souvenir d'événements refoulés dans le subconscient, donc totalement oubliés.

Le ou les événements qui créent ce blocage se sont peut-être produits très tôt dans leur enfance, parfois à l'âge de deux ou trois ans. Si on les aide à remonter le temps, jusqu'à leur naissance si nécessaire, en tout cas jusqu'au point faible, afin qu'elles puissent l'exprimer, donc le faire passer du subconscient au conscient et ainsi, s'en libérer, cela efface ce grain de sable qui bloque la machine mentale. Le fait d'en parler suffit ; ces personnes commencent aussitôt une vie normale. Mais parfois « le mauvais sort » semble s'acharner sur une famille. Les deuils, maladies, accidents, échecs scolaires ou professionnels et conflits familiaux se succèdent inexplicablement.

Ces faits se produisent souvent après un déménagement... Car une maison, qu'elle soit neuve ou ancienne, peut être « imprégnée ».

De telles maisons sont souvent construites sur des terrains que les médiums appellent « charognards », soit parce qu'à cet endroit de nombreuses personnes ont péri de mort violente à la suite de batailles ou de massacres, soit parce que des sources d'eau mauvaises y surgissent.

Il se peut aussi que des gens récepteurs et émetteurs très sensibles aient vécu là, ce qui engendre une foule de problèmes. Ainsi l'on constate, parfois, que certains restaurants ou magasins sont très fréquentés, alors que leurs concurrents, à côtés ou en face, mieux aménagés, ont peu de clientèle.

Cela vient du fait qu'on se sent bien chez l'un et mal à l'aise chez l'autre... On retrouve cette sensation dans tous les lieux publics ou privés.

Une personne ou une famille peut être victime à la fois de blocages psychologiques et d'une maison imprégnée. Si l'on traite l'un sans se préoccuper de l'autre, on n'obtiendra pas des résultats satisfaisants...

Encore une fois, il ne faut pas s'étonner de ces phénomènes. Quand on regarde un arc-en-ciel, on voit sept couleurs ; mais ces sept couleurs, d'où viennent-elles ? De l'esprit. C'est notre esprit qui les voit ainsi ;

les daltoniens, eux, ne voient pas les mêmes, car ils ne distinguent pas certaines couleurs.

Puis, quand l'arc-en-ciel disparaît, on ne les voit plus, et pourtant elles sont là, dans la lumière blanche, qui est composée de ces sept couleurs, comme on peut le constater en la décomposant avec un prisme.

Or, non seulement notre esprit ne les voit pas, mais de plus, pour lui, cette lumière blanche est transparente !

De même il voit les couleurs des objets, mais en réalité, les objets n'ont pas de couleurs, ils sont colorés par la lumière, parce qu'ils ne réfléchissent qu'une partie des couleurs qui composent la lumière blanche, et c'est cette partie que l'on voit.

Qu'est-ce que tout cela signifie ? Simplement que ce qui importe, c'est ce qui se passe dans notre esprit. Car c'est notre esprit qui crée le monde où nous vivons !

Il ne dépend donc que de chacun de nous de vivre heureux dans le monde que nous nous créons. La richesse de notre vie dépend de notre richesse spirituelle, la richesse de notre esprit.

Et parce que la parole est pauvre par rapport à l'esprit, nous appauvrissons notre esprit en doutant, puisque le doute est verbal, ce n'est que du verbiage qui n'exprime rien de concret.

« Mais » et « peut-être » ne sont que des mots. « Impossible » devient possible si vous enlevez le doute. Tout ce qui est pensé, si c'est pensé entre la raison et l'émotion, est possible. La parole, lorsqu'elle est bien mesurée, et non démesurée, vaut l'homme, parce qu'elle l'exprime.

Tout le malheur des humains vient de ce qu'ils préfèrent la démesure...

Pourquoi réclamer ce que l'on ne peut obtenir ? Agir ainsi, c'est se mettre en doute, car au moment même où l'on pose la question, on n'a plus confiance en soi, puisqu'on sait pertinemment que ce que l'on demande, on ne l'obtiendra pas ! De sorte que l'on se met en condition d'échec. On le sait, et pourtant, on ne peut s'en empêcher... Pourquoi ? Parce que nous nous laissons submerger par l'émotion.

Alors, à force d'échecs, qui en réalité n'en sont pas, puisque « à l'impossible nul n'est tenu », on se retranche dans ce que l'on croit être la « raison », c'est-à-dire que l'on trouve toujours de « bonnes raisons » d'échouer, et l'on se décourage... C'est tout aussi démesuré !

L'émotion est une force capable de balayer bien des obstacles. Si l'on se tient entre la raison et l'émotion, alors tout ce que l'on pense est possible.

Celui qui se tient entre la raison et l'émotion ne se pose pas de questions, car il a soif de la vie. Il la respecte, en connaît le sens et vit avec.

Et s'il n'éprouve pas la nécessité de se poser de questions, c'est parce qu'il sait qu'on ne peut résumer la vie en paroles. Il a compris que l'instant est précieux, alors il le vit pleinement !

Si l'on essaie de comprendre, on n'apprend pas, parce que le temps de comprendre, le vécu est passé. De sorte que l'on est toujours en retard par rapport à ce que l'on sait...

Bien sûr, il faut s'exprimer, dialoguer ! Mais quand on nous pose des questions, nos réponses ne doivent pas être que verbales, il faut les exprimer par notre façon d'être, de vivre. Seul le vécu à de la valeur. Si l'on a compris cela, si l'on vit avec la vie, on ne se pose pas de questions ; on apprend en vivant.

Vivez le moment présent, et vous découvrez que le verbiage ne sert qu'à colmater le vide de l'existence. En vivant l'instant présent, la question de la vie ne se pose plus...

La vie est un chemin, tout dépend de celui que l'on prend, en toute liberté. La solution est toujours dans la sagesse, la voie de la sagesse.

Avant de juger, interroger votre conscience ; avant de donner une opinion, dialoguez ! Respecter les autres, c'est se respecter soi-même ; et si l'on ne se respecte pas soi-même, comment peut-on respecter les autres, puisque ce sont nos semblables ? En amour comme en amitié, on récolte ce que l'on sème.

11 faut vivre entre la raison et l'émotion, entre l'arche de Noé et le veau d'or.

L'arche de Noé, c'est le symbole du juste qui échappe au naufrage universel parce qu'il vit avec la Présence en lui, cette Présence qui le garde de tous les dangers. Le veau d'or, c'est le sacrifice de la vie au profit de l'argent, le sacrifice de l'être au paraître.

Entre la liberté et la justice, entre l'économie et l'expression de soi, cette expression muselée par des lois, qui veut-on protéger : la nouvelle monnaie européenne, l'Euro, ou l'être humain ?

Dieu est le Tout, Il est l'Unique. Mais aujourd'hui, on sacrifie à l'idole, la monnaie unique. A chacun de faire son choix... Ceux qui choisissent la Présence ont la meilleure part.

L'Être universel est présent en nous, en chacun de nous. Dans « universel » il y a « uni », il y a « univers », il y a « sel ». Vivre unis, c'est aller vers l'univers, vers le sel de la vie. « Vous êtes le sel de la terre », dit le texte sacré. Le sel est indispensable à la vie. Soyons unis-vers-sel...

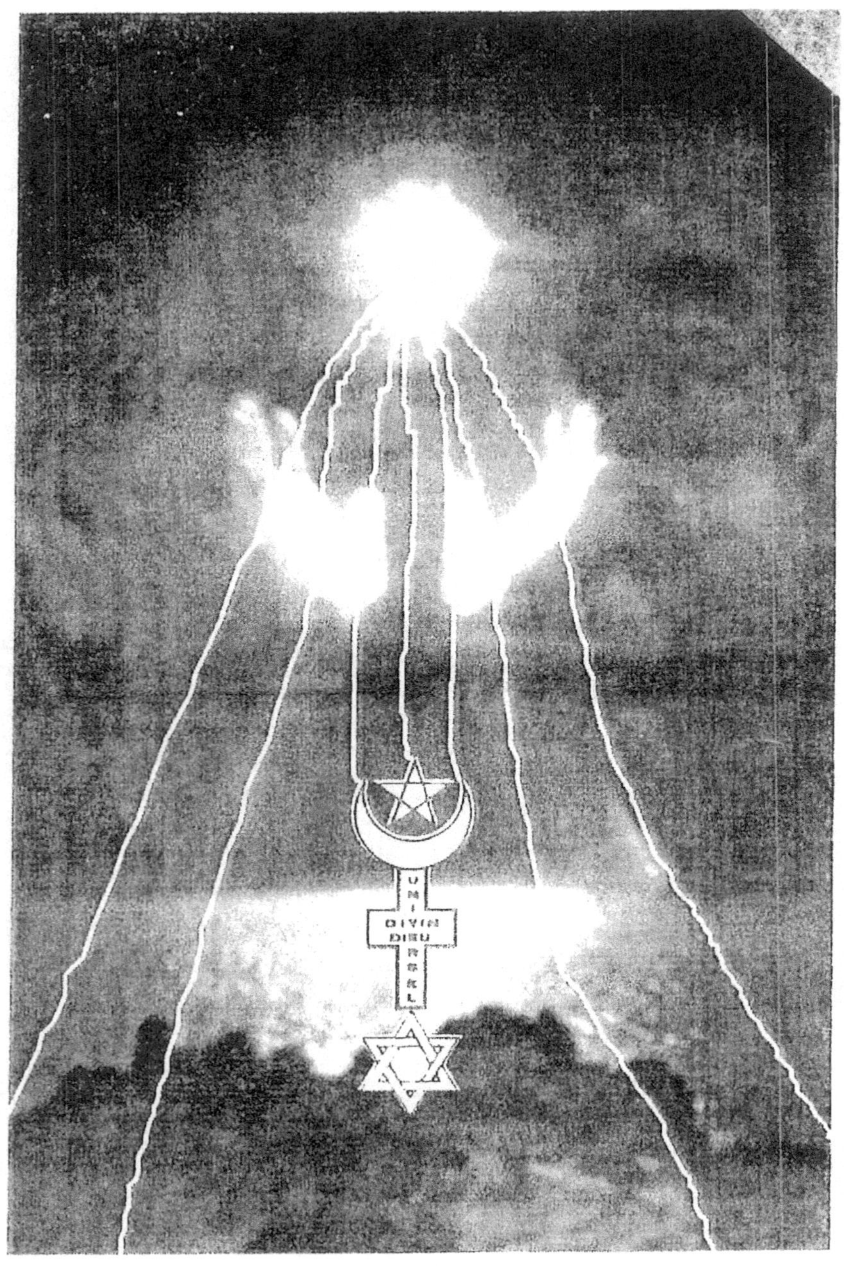

UNI
DIVIN
DIEU
VERSEL

La Septième clé

Ce que je dis déroute les gens. Ils ne sont pas habitués à entendre cela... C'est parce que je décortique chaque chose. Les gens ne voient que la coquille de la noix, moi je m'efforce de regarder l'intérieur. L'essentiel.

D'où vient la densité des livres sacrés ? De ce qu'ils se concentrent sur l'essentiel. Ils sont comme du lait condensé, auquel on ajoute de l'eau : chacun, en lisant les textes sacrés, doit ajouter sa sensibilité, son intelligence.

Les livres ordinaires font l'inverse, ils délaient ! Ils racontent en plusieurs volumes ce qui tient en quelques pages... Ils remplacent la qualité par la quantité. Aussitôt lus, aussitôt oubliés, ces livres ne servent plus qu'à décorer une bibliothèque.

Ce qui est vrai et essentiel est seul important et se dit en peu de mots. C'est dans cette forme concise, précise et forte que l'on reconnaît les livres-clefs, ceux qui ouvrent les portes du monde.

De tels livres doivent être consultés souvent. Ce sont des amis sûrs et fidèles que l'on doit interroger sans cesse, ils répondent toujours aux questions sans jamais se lasser. Ils sont inépuisables : plus vous les relisez, plus vous découvrez des réponses nouvelles à vos interrogations.

Nous tombons amoureux des belles phrases. Des belles paroles. Ainsi, on dit parfois : « la connaissance de soi est la source de la sagesse ». Mais nous sommes loin d'être des sages !

Nous devons découvrir la septième clé pour découvrir les autres. Or, chercher la clé en se souvenant du passé est une erreur. Chacun se le rappelle, chacun l'évoque, et pendant ce temps, il ne vit pas la réalité. Il devrait se dire : « je suis comme je suis, avec mes qualités et mes défauts ; ma volonté, et la volonté, sa volonté, qui m'aiguille ».

Il y a en chacun de nous une dualité. Il y a ce que nous sommes réellement, notre « être intérieur », et ce que nous paraissons être, extérieurement. Cette dualité est la clé pour transformer le langage spirituel en ce que nous appelons la Lumière. Car si chacun perçoit la séparation entre « l'être » et le « paraître », cette dualité cesse, et la Lumière apparaît.

D'où vient cette séparation ?

On juge souvent la personne à son apparence, à la couleur de sa peau, par exemple, à l'étendue de son savoir, sa culture ; le « moi » de chaque personne s'identifie à ces paroles, ce qui provoque des frustrations, des souffrances, des conflits, et des malheurs.

Si l'on critique, cela touche, et provoque un conflit dans l'être conscient, l'être intérieur. Tant de plaie à refermer ont été ouvertes par les critiques et le jugement des autres !

Il y a un grenier dans l'esprit, et c'est la clé de ce grenier, où sont entreposés tous les regrets, les remords, les frustrations, qu'il faut trouver pour découvrir l'intolérance, et parfois le fanatisme, souvent inconscient, qui bien malgré soi s'y cache. Car souvent on croit connaître la vérité, et cette vérité rigide, cette vérité imposée par les préjugés, s'oppose à la Lumière, occulte la Lumière.

Chacun s'enferme dans sa propre critique, imposée par le jugement des autres et les règles de « bonne conduite », ces lois qui n'ont jamais été définies mais que l'on s'impose, car « c'est ainsi que l'on doit se comporter, c'est ceci que l'on doit dire, et cela, il ne faut pas le dire » ... seule la loi de l'hospitalité a été oubliée !

Mais qui comprend qu'une loi n'est légitime que si elle est juste ? Sans la justice contenue dans la loi, aucune ne mérite d'être respectée.

Celui qui perçoit ce qui est à l'intérieur de lui comme il perçoit ce qui est à l'extérieur, se libère des critiques parce qu'il cesse de s'identifier à sa personne, à son travail et à ses revenus, à « ce qu'il gagne ». Il vit comme il veut, ou comme il peut.

Il faut devenir conscient de cela, et pour accéder à la conscience, il convient que chacun s'interroge, que chacun se demande au fond de lui-même quel est le sens de sa vie ; il doit se dire : « ce qui se passe en moi se passe en lui, en elle, en nous tous, c'est pourquoi nous sommes tous frères et sœurs ».

Ce souhait de se connaître, au sens de spirituel, en oubliant toutes les critiques, tous les jugements qui empêchent la compréhension de soi et des autres, amène un changement profond, et la découverte de la conscience.

Quand on se met à chercher le sens de ses incertitudes, a, comme seule justification sa bonne volonté, cette volonté ch, parcourir le chemin, on découvre des énergies nouvelles, sa propre force, et le bien, mais aussi une nouvelle conviction, la certitude d'être sur la bonne voie, même s'il reste beaucoup de chemin à parcourir.

La conviction mène à la passion, et avec de la patience, ce cheminement conduit vers la Lumière ; combien de personnes, après s'être mises en route, m'ont dit : « il se passe quelque chose en moi, et cette chose me change, le passé se dissipe, les incertitudes commencent à disparaître » !

Ce chemin, il faut du temps pour le parcourir, et ce temps nous a été offert, comme notre globe, la terre, nous a été offerte. Notre tâche, sur cette terre, et de devenir un homme ou une femme véritable. Cela s'appelle l'accomplissement. Mais chacun conteste le temps qui lui a été accordé, parce que ça ne va pas assez vite ou parce que ça va trop vite ; il y a conflit entre le corps, esprit, et ce qu'il anime. L'harmonie disparaît.

Quand on vit au présent, le temps n'a plus d'importance, mais pour vivre au présent, il faut fermer la porte au passé !

Celui qui est toujours présent, c'est-à-dire celui qui vit au présent, et non en fonction du passé, ne tombe pas dans ce piège. Il n'éprouve jamais le doute, car lorsque la Lumière l'éclaire, il ferme la porte sur le passé. Il s'identifie totalement à Dieu, et son corps physique, cette séparation créée par le corps, n'est plus un obstacle.

Cependant, si quelqu'un attaque le corps — son corps ou le corps d'un autre — pour atteindre l'esprit, et l'esprit pour atteindre la personne, il tombe dans la dualité. C'est parce qu'il va mal qu'il cherche un bouc émissaire chez lui ou chez son semblable.

Il n'existe qu'un chemin vers la vie nouvelle, c'est la pureté du cœur. Voilà la clé que chacun peut trouver ! Si nous utilisons la clé la plus apparente, les autres vont apparaître.

Dans chaque situation, avec ces clés, on franchit les limites, et la dernière limite s'appelle la Porte d'Or : en renonçant à son « moi », on accède à la conscience universelle.

En revanche, toute identification avec le « moi », ce qu'on appelle couramment l'égoïsme, empêche de s'identifier au monde, donc de le comprendre, de comprendre Dieu ; c'est l'essentiel du cheminement.

Entre la raison et l'émotion, la pensée ne peut que délivrer.

Pour trouver la loi, il n'y a qu'une clé universelle et fraternelle. Mais il peut apparaître une nouvelle dualité.

Dans la communauté de tous les frères et soeurs, toutes religions confondues, il y a des évolutions plus ou moins rapides, ce qui va créer une séparation, et il faut que cette séparation cesse.

On doit se libérer, vous devez vous libérer de tout jugement, de toute critique. Le trousseau de clés n'est qu'un outil, et celui qui possède le plus grand nombre de clés doit ouvrir le plus grand nombre de portes.

La sagesse, c'est la réalité que l'on ressent, et non que l'on pense. Les règles imposées, et les inquisiteurs n'ont pas leur place dans cette communauté fraternelle.

Nous ne manquons pas de philosophes et de maîtres ; en tout cas beaucoup se font passer pour tels ! Mais dans la simplicité, tout le monde peut aider, partager...

C'est pourquoi ce livre, ce message, est adressé à toutes les communautés d'hommes et de femmes de toutes tendances, de toutes religions.

Dieu a créé l'homme debout et fort, on le retrouve tombé et à l'agonie. Il nous a donné un monde d'abondance, aujourd'hui la famine approche à grands pas. L'homme est désemparé... Il ne comprend plus.

Lorsque l'écriture apparut, la Révélation divine fut mise par écrit. Trois textes sacrés sont les fondements des Religions révélées : la Tora, pour la religion judaïque, la Bible, l'Ancien et le Nouveau Testament, pour la religion chrétienne, le Coran, pour la religion musulmane.

C'est pourquoi les croyants de ces trois religions sont appelés les Gens du Livre. Bien entendu, elles glorifient le même Dieu, puisqu'il ne peut y avoir qu'un seul Dieu !

L'église, la synagogue et la mosquée sont des lieux de recueillement pour que chacun retrouve dans son esprit l'image de Dieu et sa propre image, son véritable reflet.

Mais aujourd'hui, la division entre l'Orient et l'Occident empêche de diffuser cette sagesse dans le monde entier, auprès de tous les humains. Les intégristes de toutes religions ont du mal à s'intégrer eux-mêmes, et ils prétendent détenir la vérité !

11 n'y a qu'un Dieu, donc qu'une religion, la Religion Universelle, pour lui rendre grâce. Elle affirme depuis toujours : « la loi et la justice sont une, c'est la Vérité. En dehors de la Vérité, on ne trouve ni loi, ni justice ».

Cette religion, la Religion universelle, affirme que Dieu est en nous, en chacun de nous, et que nous devons être dignes de Lui.

La Religion universelle est sagesse. Elle ne prétend pas posséder la réponse à toutes les questions que l'on se pose.

Elle n'exclut personne, elle encourage ceux qui pratiquent une religion à la comprendre en profondeur ; elle affirme qu'elles sont toutes sœurs, puisqu'elles ont le même Père céleste.

Dieu a mis son amour, sa patience et des milliards d'années pour préparer ces merveilles et miracles que sont la vie sur la terre et l'homme créé à son image. Comment un mortel peut-il vouloir comprendre ou se mettre à la hauteur de la Divinité en une courte vie ?

La Religion universelle ne s'oppose en rien aux religions, puisqu'elle émane de Dieu !

Bien plus ancienne que les religions les plus anciennes, elle les complète, les relie et les unifie. C'est pourquoi l'on peut pratiquer le culte de son choix. Elle permet au croyant de mieux comprendre sa religion, et surtout et avant tout la grandeur de Dieu.

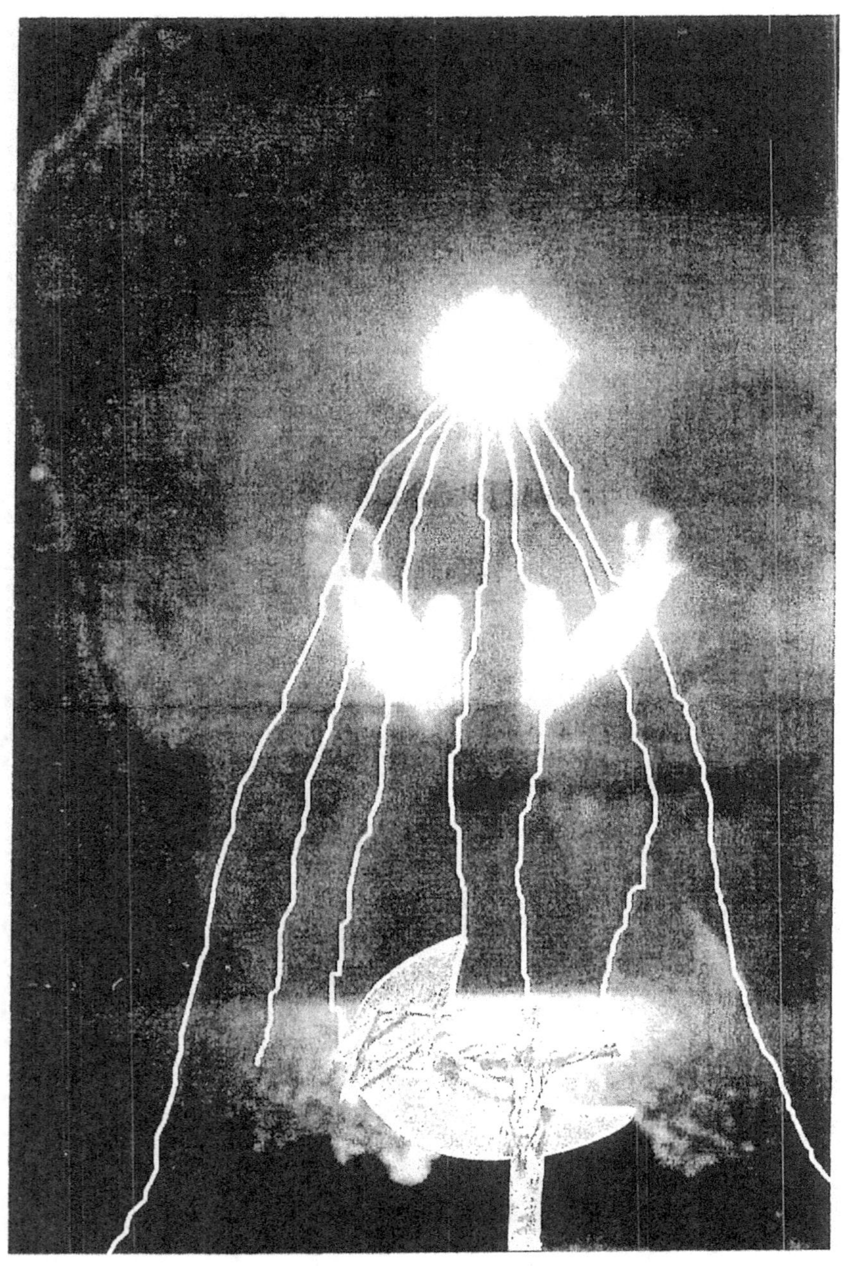

Paix sur terre
aux hommes de bonne volonté.

Ce message est une bouteille à la mer. S'il se trouve des hommes de bonne volonté pour le propager, alors le monde sera peut-être sauvé. Si les hommes restent aveugles et sourds, malheur à eux ! S'ils confient leur destinée à des hommes assoiffés de pouvoir, aveuglés par le fanatisme, la mauvaise foi, ils abrégeront les temps. Lorsqu'un aveugle guide un aveugle, ils sont deux à tomber dans le précipice !

Ce message est désintéressé.

Les initiés ne cherchent ni l'argent, ils ne demandent et n'acceptent que ce dont ils ont besoin pour faire vivre le corps, ni le pouvoir, au contraire, ils le fuient, ni à fonder des sectes, qu'ils ont en horreur, car c'est un sacrilège d'autant plus abominable qu'il est commis soi-disant au nom de Dieu.

Ils cherchent à propager la Lumière de l'esprit, celle qui les éclaire et qui fait d'eux des voyants.

Les voyants médiums voient avec l'esprit, c'est pourquoi ils voient le passé et l'avenir.

Les mortels voient avec les yeux, donc ils ne peuvent voir que le présent, le corporel, l'éphémère, le superficiel. Ils ne voient pas au-delà de leur temps de passage sur terre. Ce sont des aveugles du temps.

Il faut s'efforcer de voir comme Dieu, à son image. Car Il nous a donné de la sagesse, à son image, parce qu'Il voulait que tout le monde soit sage.

Il nous a donné trois Envoyés, mais nous ne les avons pas entendus.

Il y ait eu trois Messages, la Tora, la Bible et le Coran, et tout ce qui les a précédés, et les hommes n'ont toujours pas compris ! Pourtant ces messages nous ont tout donné.

Ils nous ont donné ce qu'il y a dans l'esprit, et la discipline du corps pour pouvoir entretenir l'esprit. Car il faut entretenir le corps pour maintenir l'esprit, il ne vit que dans la propreté, l'hygiène, selon l'adage : un esprit sain dans un corps sain.

C'est pour cela que les religions sont apparues, afin de répandre l'autodiscipline. A partir de là on retrouve la Voie vers la Lumière.

A une époque, les musulmans faisaient d'eux-mêmes sept ou huit prières par jour. Pourquoi ? Parce que les sages, les philosophes, montraient l'exemple...

On les craignait respectueusement et on les imitait en toute confiance, même si on ne comprenait pas très bien leurs propos. Ils montraient le blanc et disaient :

- Avec le blanc vous trouverez beaucoup de couleurs. Et les gens interrogeaient :

- Mais comment faire ?

Ils répondaient seulement :

- Cherchez et vous trouverez.

C'est cela, la recherche de la Lumière. Chacun doit la trouver en lui-même, puisqu'il s'agit d'une Lumière intérieure !

Mais les gens ne cherchaient pas, par paresse, ils attendaient qu'on leur donne une réponse toute faite, ce qui leur évite de faire des efforts ! Ils n'ont donc pas trouvé les sept couleurs contenues dans le blanc, pourtant visibles dans un arc-en-ciel. Et sans ces sept couleurs, on ne peut trouver les millions d'autres couleurs, qui ne sont que des nuances.

Alors ils ont pensé à élire l'un de ces sages pour qu'il ait seul la parole, parce que c'est plus simple, plus facile à suivre. C'est comme cela qu'on a perdu la naïveté. La naïveté était une pureté impalpable, une innocence. On y a mis un terme. On s'est égaré... Et c'est ainsi que, de nos jours, les religions obligent les gens à se discipliner sous peine de châtiment !

Ces religions consacrent un jour par semaine au spirituel. C'est le temps de se recueillir, de se retrouver - de « retrouver ses esprits », comme dit l'expression populaire.

Lorsque ce temps, le temps de réfléchir, n'est pas respecté, l'homme est aveuglé par lui-même, par ses obligations terrestres, par le veau d'or...

Je ne suis qu'un grain de sable dans le désert. Un grain de blé dans les champs.... Je n'agresse pas, je n'ai jamais agressé, je réponds aux questions que chacun se pose.

Je constate que depuis le début du monde, on n'a pas progressé, on recule dans le temps et l'espace, on s'éloigne dans les ténèbres en oubliant cette Lumière que nous n'avons jamais su contempler.

Pourtant nous avons tous l'esprit en nous, nous pouvons tous parvenir à la sagesse. Souvenons-nous de la Divine Parole : même s'il ne reste que sept sages sur terre, elle peut être repeuplée. Je ne fais que citer...

La vérité c'est ceci :

Il n'y a qu'un seul Dieu, donc une Religion universelle.

On ne peut rejeter les gens du Livre, quelle que soit leur religion, car la différence vient des mots, mais nous avons tous le même Dieu. Il n'y a qu'un seul et unique Dieu ! Alors pourquoi se déchirer au nom de la religion ?

Si les églises, les temples et les mosquées sont remplies, c'est parce que des missionnaires répandent la Parole. Il faut les écouter, car ces gens se sacrifient toute leur vie pour pouvoir prêcher. Ce sont les hommes qui ont créé des religions diversifiées...

Si l'on suivait réellement les préceptes de l'une des trois religions du Livre, judaïque, chrétienne, musulmane, selon son choix personnel, le mal disparaîtrait.

Le message universel de paix, d'amour et de fraternité est si simple qu'il est la simplicité même :

Chacun croit détenir une vérité. Alors pourquoi ne mettrions-nous pas ces vérités en commun, puisque toutes veulent du bien aux peuples du monde entier ?

Je ne fais que citer, et par moments, inciter au bon sens. Ce message de Sagesse et de Paix, je le diffuse inlassablement dans le monde, car je sais que l'être humain a une très mauvaise mémoire.

C'est pour cela que les peuples ont toujours été divisés, par l'intolérance, le rejet d'une religion par rapport à une autre et le racisme, et surtout depuis que la non-croyance s'est répandue.

Je voudrais, avec les gens de bonne foi, ôter le mal, le SIDA mental, cette mauvaise foi nommée fanatisme, et son double, la perte de la foi.

Il s'agit d'aider les gens les plus déshérités avec les moyens de l'esprit, la sagesse. Toutes les religions reposent sur cette base.

La sagesse, que chacun peut prétendre avoir acquis ou hérité, nécessite un sens et une profondeur, mais il faut avoir vécu avec, et avec conviction, pour pouvoir l'apprendre et la comprendre.

Il faut vivre intensément avec la sagesse pour que les voies soient ouvertes et concevoir la lumière éternelle.

Malheureusement, quand on parle du bien, les gens n'y croient pas, mais si l'on parle du mal, il se répand très vite, parce que le mal flatte nos mauvais instincts.

Chacun croit que le savoir est un pouvoir.

En fait, pendant que l'on étudie, on ne s'étudie pas soi-même, et l'on ne peut apprendre pour comprendre ce qui est en nous, donc nous comprendre nous-mêmes pour apprendre ce que sont les autres humains, nos semblables. Et l'on ignore tout de cet instinct qui guide la vie. Or, on peut prendre une décision et perdre toute une vie, comme on peut prendre une décision et gagner toute une vie !

Celui qui regarde le passé n'a pas d'avenir.

Dans la mesure où vous restez bloqué sur le passé, de toute façon, il ne peut y avoir d'avenir, ce n'est qu'une question de logique.

À partir d'aujourd'hui, dites-vous que le passé doit servir d'avenir.

Le passé doit permettre d'éviter les maladresses. Il n'y a jamais eu d'échecs, ce ne sont que des expériences ! Nous sommes tous destinés à connaître, et non à subir, un certain nombre d'expériences dans notre vécu, au cours de notre vie sur cette terre. C'est là le sens de cette vie.

Il y a un temps pour tout... Encore faut-il y penser. Un paysan attend la saison propice pour semer, car il la connaît. Alors il n'est jamais en retard !

Il faut vivre l'instant présent pour demain, et avoir à portée d'esprit le mot « pardon », tout comme nous souhaitons aussi être pardonnés pour nos erreurs vis à vis des autres.

Un sportif met tout son ardeur à faire des championnats parce qu'il adore le sport. Mais si, arrivé au plus haut niveau, l'argent le corrompt, il perd sa conviction, il décline et se demande pourquoi... S'il ne reconnaît pas qu'il a perdu son enthousiasme, il ne trouvera jamais la réponse.

Si, inconsciemment, vous vous mentez à vous-même, vous ne pouvez pas comprendre pourquoi vous vivez si peu d'expériences heureuses.

Mais bien des gens ont honte de s'avouer qu'ils ne sont pas sincères avec eux-mêmes... Il n'y a pas de honte à cela, il ne s'agit que d'une erreur, ou d'une maladresse si cette erreur est répétée ! Dans ce cas, ne vous posez pas la question, vivez avec la réponse. Quand le cœur se manifeste, il ne se trompe jamais !

Lorsque vous voulez faire plaisir à quelqu'un, faites-vous d'abord plaisir en lui faisant plaisir. Si cela lui fait plaisir que vous ayez du plaisir, vous allez vous faire plaisir mutuellement. Le mot fraternel n'est pas un vain mot !

Celui qui se découvre lui-même découvre les autres, autour de lui ; il entend, apprend, comprend, et vit avec, dans la transparence.

Même les lumières parmi les lumières sont pauvres par rapport à la transparence !

Si votre esprit est limpide, il ne cherche qu'à vous faire avancer et à vous guider. Alors tous les jours que Dieu nous donne nous sont offerts comme une renaissance.

Chaque jour est une page blanche où chacun inscrit sa destinée. Notre destinée, c'est la vie que Dieu nous apporte pour l'éternité, pour guider d'autres vies.

La vie est fascinante, magnifique... Mais comme la nature, elle est aussi effrayante et déroutante si on ne la comprend pas.

Elle peut sembler sage et en même temps contraignante, fascinante et même terrible, surtout pour ceux qui ont peur de la mort.

Mais si on enlève le mot terrible, elle devient magnifiquement simple et belle. Il y a de multiples exemples à prendre dans la vie, dans la nature... Il suffit de la vivre avec simplicité, à condition de connaître et de vivre avec la règle établie par Dieu.

La plupart des gens, quand ils demandent quelque chose à Dieu, veulent, au lieu de souhaiter ou de désirer. Et s'ils ne l'obtiennent pas, Celui qui nous a offert la vie, qui nous a donné la nature, devient coupable à leurs yeux !

Pourtant le jour où l'eau manquera, qu'allons-nous faire ? Tous, dans toutes les langues, nous supplierons le même Ciel pour que la pluie tombe...

C'est aussi pour cela que je parcours le monde, pour propager cette vérité.

Je souhaite pour la terre, avec la Grâce de Dieu, que les peuples se ressourcent auprès de l'Esprit pour prendre des décisions sages, car la sagesse n'est pas une illusion.

L'histoire se répète depuis des millions d'années, pendant lesquelles des milliers de sages se sont sacrifiés pour combattre la folie des hommes ! Mais celui qui attente à la vie atteint le corps, mais non l'esprit, car la mort est la renaissance de l'esprit. L'héritage reste entre les mains des sages.

Le sage tient son pouvoir visible de l'invisible, c'est-à-dire de l'esprit. Les temps sont venus, cette vérité doit être propagée !

Ce message n'est pas un testament, ce n'est qu'un dialogue avec les sages pour sanctifier Son Nom. C'est un consentement à la vie, et une déclaration à mon amie, ma confidente et ma compagne.

Que la volonté de Dieu soit faite pour tous les peuples, quel que soit leur appartenance religieuse.

Paix sur terre aux hommes de bonne volonté !

DU MEME AUTEUR

Aux Editions - **J.C.M.H**

- Le message

- Entre la Raison et l'Émotion

Pour connaitre l'auteur : mediumhaouaria.fr